高等学校规划教材·双创教育推荐教材

TRIZ创新方法

主　编　尚志武

副主编　尚志文　宋　杨

西安电子科技大学出版社

内 容 简 介

本书注重贯彻学以致用、理论联系实际的原则，对 TRIZ 创新方法的相关内容做了较为全面的介绍。

全书共 9 章，分别介绍了 TRIZ 的起源与发展及 TRIZ 解决方案、突破思维惯性的创新思维方法、问题分析方法、发明创新原理及应用、矛盾解决方法、物质-场模型与标准解系统、发明问题解决算法、科学效应和现象、技术系统进化理论等内容。全书配有大量应用案例，以方便读者理解。

本书知识结构编排合理，概念简洁、清楚，适合作为高等学校各专业双创教育、博雅教育的教学用书，也可作为科技工作者和工程技术人员的参考用书，还可作为继续教育的教学用书。

图书在版编目(CIP)数据

TRIZ 创新方法 / 尚志武主编. —西安：西安电子科技大学出版社，2020.6(2024.3 重印)
ISBN 978-7-5606-5686-1

Ⅰ. ①T…　Ⅱ. ①尚…　Ⅲ. ①创造学　Ⅳ. ①G305

中国版本图书馆 CIP 数据核字(2020)第 087258 号

策　　划　刘玉芳　杨航斌
责任编辑　刘玉芳
出版发行　西安电子科技大学出版社(西安市太白南路 2 号)
电　　话　(029)88202421　88201467　　　邮　　编　710071
网　　址　www.xduph.com　　　　　　电子邮箱　xdupfxb001@163.com
经　　销　新华书店
印刷单位　西安日报社印务中心
版　　次　2020 年 6 月第 1 版　2024 年 3 月第 2 次印刷
开　　本　787 毫米×1092 毫米　1/16　印 张　11
字　　数　254 千字
定　　价　28.00 元
ISBN 978－7－5606－5686－1 / C

XDUP 5988001-2
如有印装问题可调换

前　言　PREFACE

创新是民族进步的灵魂，是一个国家兴旺发达的不竭动力。创新是推动人类社会向前发展的重要力量。时代发展呼唤创新。创新已经成为世界主要国家发展战略的重心。在激烈的国际竞争中，唯创新者进，唯创新者强，唯创新者胜。

创新发展是中华民族复兴的国运所系。实施创新驱动发展战略，推动以科技创新为核心的全面创新，让创新成为推动发展的第一动力，是适应和引领我国经济发展新常态的现实需要。我国改革开放事业进入攻坚克难的关键时期，更加呼唤改革创新的时代精神。改革创新推动中国走向富强。

每个人都存在着思维惯性，又称习惯性思维。思维惯性是人们因为局限于既有的信息或认识的现象，形成的一种固定的思维模式。人们习惯于从固定的角度来观察、思考问题，思维惯性是人的思维能力的一种重要表现，是人们通过不断地学习和实践积累下来的经验所形成的自己独有的对世界、对客观事物的认识、认知的规律、途径。人们利用思维惯性处理日常事务和一般性问题时，可以驾轻就熟、得心应手，从而提高效率、节约成本，使问题迅速圆满解决。但是面临新问题、新情况时，思维惯性会阻挡人们形成新观念、新构思、新点子，发现新事物，成为人们思维的枷锁、前进的羁绊。在创新过程中，思维惯性成为一种常见的障碍，它使人们在遇到类似的问题时，不假思索地运用过去常用的方法来处理问题。

那么有没有一种创新思维、方法和工具，可以使我们在创新过程中克服思维惯性的障碍，更为科学地指导我们思考、分析、解决面临的问题、难题呢？TRIZ 创新方法就是这样一种创新方法和工具。TRIZ 创新方法源自解体前的苏联，是俄语 теории решения изобретательских задач 的缩写，翻译成英文为 Theroy of Inventive Problem Solving，中文翻译为发明问题解决理论。TRIZ 创新方法是一种全世界都在实践的高效的创新方法。

笔者从 2003 年加入三星电子，开始接触 TRIZ 创新方法，直接使用 TRIZ 方法完成了多个新产品研发项目，解决了多项技术问题；2013 年进入高校后开设 "TRIZ 创新方法" 课程，担任了科技部创新方法工作专项会评专家，并得到国际 TRIZ 协会的专业认证。经历了从 TRIZ 实践应用到高校教学再到理论深化的学习过程后，笔者致力于从个人经历角度出发编写一本能够清楚地解释 TRIZ 理论的概念、方法与应用的书籍，以期帮助人们面对问题时快速、正确地分析问题，提出真正具有创造性的方案，成为更具创造力的问题解决者。

我们都深信，掌握了正确的理论和方法以后，创新是每个人都可以做的事情。

在编写本书的过程中，笔者参考了大量的相关书籍，特别是赵敏、周苏、王亮申、孙永伟、檀润华、赵锋等几位专家学者的著作，他们为 TRIZ 创新方法在中国的引入和普及作出了非常重要的贡献，在此向他们表示深深的感谢和敬意！

感谢西安电子科技大学出版社的鼎立支持！感谢刘玉芳编辑的充分信任和大力帮助！

限于笔者的经验和水平，书中不足之处在所难免，敬请各位读者批评指正。

编　者

2020 年 3 月

于天津工业大学

目　录 CONTENTS

第 1 章　TRIZ 创新方法概述

1.1　创新与传统创新方法

创新是人类特有的认识能力和实践能力，是人类主观能动性的高级表现，是推动民族进步和社会发展的不竭动力。一个民族要想走在时代前列，就一刻也不能没有创新思维，一刻也不能停止各种创新。

1.1.1　什么是创新

创新就是稀奇古怪的事情吗？在很多人眼里，创新者就是那些脑袋里装满奇思怪想的"异类动物"。实际上，创新并非凭空妄想，而是一种行为的综合。

新华词典定义"创新"就是"抛弃旧的、创立新的"。

什么叫创新呢？创新是在当今世界，在我们国家出现频率非常高的一个词，同时，创新又是一个非常古老的词。在英文中，创新 Innovation 起源于拉丁语，有三层含义：第一，更新；第二，创造新的东西；第三，改变。

美籍奥地利经济学家约瑟夫·熊彼特在《经济发展理论》一书中首次使用"Innovation"一词，将其定义为"新的生产函数的建立"，即"企业家对生产要素的新的组合"。随着创新理论的发展，"创新"已经从科学研究和技术创新，扩展到包括体制与机制、经营管理、文化艺术、社会哲学等方面的创新。人们普遍认为创新是在已有的基础上，提出独特的、新颖的且富有成效的见解与思维。

创新作为一种理论，形成于 20 世纪。美国哈佛大学教授约瑟夫·熊彼特于 1912 年第一次把创新引入了经济领域。熊彼特在其 1912 年的著作《经济发展理论》中指出："创新就是把生产要素和生产条件的新组合引入生产体系，目的是获取潜在的利润。"熊彼特指出"创新"具有以下五种情况：

(1) 生产新的产品，即产品创新。

(2) 采用一种新的生产方法，即工艺创新或生产技术创新。

(3) 开辟一个新的市场，即市场创新。

(4) 获得一种新的原料或半成品形式，即材料创新。

(5) 实行一种新的企业组织形式，即组织管理创新。

目前国内比较权威通用的定义是，创新是指以现有的思维模式提出有别于常规或常人思路的见解，并以此为导向，利用现有的知识和物质，在特定的环境中，本着理想化需要或为满足社会需求，而改进或创造新的事物、方法、元素、路径、环境，并能获得一定有益效果的行为。

1.1.2 什么人可以创新

每个人都可以创新，创新是每个人都有的一种能力。

创新的根本在于人才，知识是可以学习的，技能是可以传授的，创造力是可以开发的。经过培训，人的创造力可以提高 70%～300%，如图 1.1 所示。

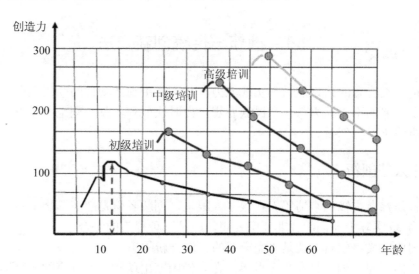

图 1.1 创造力随年龄变化曲线

1.1.3 怎么创新

通常，在创新过程中会遇到一些共性的问题：

(1) 决心多、成果少，概念多、方法少，侧重文化和机制多、面向科技少。

(2) 思维固化，进而干扰创新。

(3) 传统创新方法效率低，且缺乏有效的创新手段与方法。

下面举一个例子。河边停着一只小船，这只小船只能容纳一个人。有两个人同时来到河边，并且这两个人都坐着这只船过了河。请问：他们是怎样过河的？

大多数人都会习惯性地默认两个人同时来到河岸的同一边，结果得不出答案。实际上，如果两个人同时来到河的两岸，那么过河的问题就可以很简单地解决了。

贝弗里奇在《科学研究的艺术》书中说过：“几乎在所有的问题上，人脑都有根据自己的经验、知识和偏见，而不根据面前的佐证去做判断的强烈倾向。”在创新的过程中如何克服自己的思维惯性是十分关键的问题。

如何克服自己的思维惯性，如何正确地分析问题及如何正确地解决问题是创新的过程中大多数人所面临的困惑和核心问题。

下面再看一个例子。

美国研发登月舱时曾经面临一个技术难题：登月舱外部的照明灯泡的灯罩，会由于登月舱着陆月球时的冲击而破碎。那么如何改进登月舱外部的灯罩呢？

传统的思维惯性解决方法一般是考虑怎么样去减小登月舱着陆时的冲击，如增加灯罩的强度。而科学的解决方法是对比环境：地球上有空气，月球上却没有任何空气，从而得到科学的解决方法是取消灯罩。

创新方法是科学思维、科学方法和科学工具的总称，使用科学的创新思维、方法和工具去解决创新问题、进行创新是非常必要的。2007 年，王大珩、刘东生、叶笃正三位老科学家提出了"自主创新，方法先行。创新方法是自主创新的根本之源"这一重要观点。时任国务院总理的温家宝先后两次对创新方法工作做出重要批示并要求高度重视。2007 年，科技部在黑龙江、四川、江苏 3 省开展了国家首批技术创新方法试点，并于 2008 年 4 月与国家发展改革委、教育部、中国科协等 4 部委联合发布了《关于加强创新方法工作的若干意见》。

1.1.4　传统的创新方法

目前世界上总共约有 300 多种创新的方法和技法，包括头脑风暴法、试错法、形态分析法、属性列举法、缺点列举法、联想类推法、反向探求法、组合创新法、知识链接法、奥斯本设问法、和田十二法、5W1H 法、特尔斐设想法等。

其中无意识中使用最多、最为传统的是试错法。试错法解决问题的流程是面对创新问题通过思维惯性猜测问题继而提出解决方案，如果没能解决问题，继续猜测、提方案、排除错误，直至得到解决方案，如图 1.2 所示。试错法是一种效率极低的创新方法。

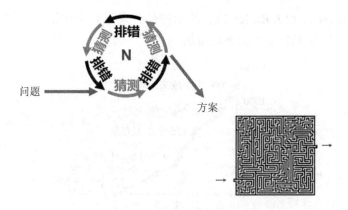

图 1.2　试错法图解

发明家爱迪生使用的创新方法就是传统的试错法，发明灯泡使用了 1600 多种金属材料和 6000 多种非金属材料；碱性电池的发明经历了 50 000 多次失败。这一方面反映了爱迪生的勤奋和努力，另一方面也说明传统思维方式——试错法的效率低下。

爱迪生的助手尼古拉•特勒撒曾经说过："我非常同情他的工作状况，如果有一点点理论和计算能帮助他的话，就将节省他 90%的精力。"爱迪生本人说过："天才靠的是 1%的灵感和 99%的汗水！"爱迪生的成果是靠苦干拼出来的，他是在边试验边分析后确定下次试验该怎么做的。但是这种方法速度太慢，已经无法适应快速发展的需求了。

查尔斯·固特异也是试错法的典型代表，他一生仅做成了这一件事：橡胶硫化技术。

用传统试错法进行发明创新会付出很多的成本和代价，比如，电灯(8000 多次失败)、碱性电池(50 000 多次失败)、硫化橡胶(一生的心血)、搪瓷(一生的心血)、海飞丝(约 1500 次失败)等。

以试错法为代表的传统创新方法的创新过程是，首先产生多个方案，再过滤方案，直到得到最终的解决方案。

传统创新方法的思路如图 1.3 所示。其过多依赖心理因素，过程具有无序性、随机性和偶然性，难以找到规律。这就决定了传统创新方法的效率必然会很低，一般针对要解决的问题，会提出很多种解决方案，经过过滤得到最终的解决方案。

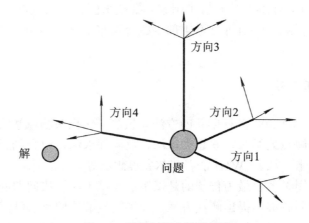

图 1.3 传统创新方法的思路

图 1.4 是 G. Stevens 和 J. Burley 统计的新产品开发过程中试错法的效率，平均 3000 个不成文的想法中，只有 1 个最终能推向市场。

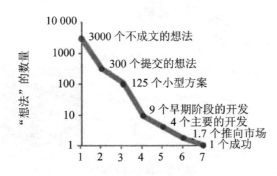

图 1.4 新产品开发过程不同阶段想法数量

对于解决创新问题来说，最理想的效率当然是只提出一个想法就形成最终的解决方案，这是很难达到的。目前世界上现有的所有创新方法当中，解决创新问题效率最高的创新方法就是 TRIZ 创新方法。TRIZ 创新方法是一种基于技术研究的系统化创新方法，是一种将发明从"困难的"任务转变为"简单的"任务的方法，例如，通过大幅度减小搜索范围来达到又好、又快、又省的发明目的。掌握 TRIZ 与不掌握 TRIZ 的科技人员，创新能力相差几十倍甚至几百倍。

1.2　TRIZ 创新方法概述

1.2.1　什么是 TRIZ

TRIZ 源自解体前的苏联，是俄语 теории решения изобретательских задач 的缩写，翻译成英文为 Theroy of Inventive Problem Solving，中文翻译为发明问题解决理论。

发明问题解决理论有两个基本含义，表面上强调解决实际问题，特别是发明问题；隐含的意思是由解决发明问题而最终实现创新，因为解决问题就是要实现发明的实用化，这符合创新的基本定义。

1.2.2　TRIZ 的由来

TRIZ 创新方法为苏联发明家、教育家根里奇·阿奇舒勒(G. S. Altshuller)所创造。阿奇舒勒 1946 年在苏联海军专利厅工作并开始对创新方法进行研究，通过对大量专利的分析，阿奇舒勒得出了以下三条发现：

(1) 创新的规律性：类似的问题与解在不同的工业及科学领域交替出现，即不同行业中的问题，采用了相同的解决方法。

(2) 他山之石，可以攻玉：技术系统进化的模式在不同的工程及科学领域交替出现，系统/产品是按照一定规律在进化、发展的。

(3) 拓展思路、打破思维定势：创新所依据的科学原理往往属于其他领域。

阿奇舒勒发现发明是有一定规律的，大量发明所面临的基本问题是相同的，其所要解决的矛盾从本质上来说也是相同的。同样的技术创新原理和对应的解决方案会被反复应用，只是使用的技术领域不同。

经过多年对数以百万计的专利文献(其中包含二十多万项高水平发明专利)加以搜索、研究、整理、归纳、提炼和重组，阿奇舒勒建立起一整套体系化的、实用的解决发明问题的理论方法体系——TRIZ，这一理论于 20 世纪 90 年代初随着苏联的解体开始传播到西方。

1.2.3　TRIZ 的核心思想

阿奇舒勒发现，技术系统进化过程不是随机的，而是有客观规律可遵循的，这种规律在不同的领域反复出现。TRIZ 的核心思想可以归纳为以下几点：

(1) 无论是一个简单产品还是复杂的技术系统，其核心技术的发展都遵循着客观规律发展演变，即具有客观的进化规律和模式。

(2) 各种矛盾的彻底解决是推动这种进化过程的动力，未解决矛盾的设计不是创新设计。

(3) 技术系统发展的理想状态是用尽量少的资源来实现尽量多的功能。

(4) 使每个人都学会创新。

1.2.4 TRIZ 解决方案

TRIZ 解决方案是以技术系统功能分析、因果分析、矛盾分析、资源分析和物-场模型等为分析工具，对于标准问题可以运用发明问题标准解法、效应知识库、技术矛盾矩阵和物理矛盾分离方法等工具予以求解，对于非标准问题可以运用发明问题解决算法工具求解的科学运作过程。

应用 TRIZ 解决问题的基本思路是：首先将实际问题归纳为 TRIZ 的标准问题，建立问题模型，再应用对应的 TRIZ 工具找到标准解，建立解决方案模型，最后引入实际问题得到最终解决方案。图 1.5 所示为 TRIZ 的一般解题模型。

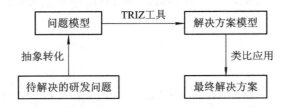

图 1.5　TRIZ 的一般解题模型

TRIZ 解决问题的基本步骤是：首先对具体问题或特殊问题进行分析，对问题进行清楚的定义，利用因果分析和系统模拟等方法使问题具体化，找到问题的根本原因；然后将问题抽象成一般性的问题，即 TRIZ 问题，再根据规律即 TRIZ 工具，如发明原理、技术发展趋势等找出解决方案即通用解；最后将通用解决方案引入到具体项目，转化成自己的解决方案即特殊解。

技术系统由多个子系统组成，并通过子系统间的相互作用实现一定的功能。当一个技术系统产生问题时，通过问题的定义和分析会得到四种不同的问题模型：技术矛盾、物理矛盾、物质-场模型和知识使能模型。对应不同的问题模型可采用四种不同的 TRIZ 工具：矛盾矩阵、分离原理、标准解系统和知识与效应库。最终找到问题解决方案，如表 1.1 所示。

表 1.1　TRIZ 技术系统解决问题模型分类

问题模型	工　具	解决方案模型
技术矛盾	矛盾矩阵	创新原理
物理矛盾	分离原理	创新原理
物质-场模型	标准解系统	标准解
知识使能模型	知识库与效应库	方法与效应

1. 技术矛盾和矛盾矩阵

技术矛盾是指为了改善技术系统的某个参数，导致该技术系统的另一个参数恶化而产生的矛盾。其具体表现如下：

(1) 在一个子系统中引入一种有用功能后，会导致另一子系统产生一种有害功能，或加强了已存在的一种有害功能；

(2) 一种有害功能会导致另一子系统有用功能的削弱；

(3) 有用功能的加强或有害功能的削弱使另一子系统或系统变得复杂。

TRIZ 总结了 39 个通用技术参数用来描述技术系统中出现的绝大部分技术矛盾，并建立了矛盾矩阵表，总结了 40 个创新原理，将实际问题转化为技术矛盾模型后，利用矛盾矩阵可得到推荐解决问题的创新原理，以此作为解决方案模型。

2. 物理矛盾和分离原理

所谓物理矛盾是指为了实现某种功能，一个子系统或元件应具有某种特性，但该特性出现的同时会产生与此相反的不利或有害的后果。当一个技术系统的工程参数具有相反的需求时，就出现了物理矛盾。比如说，要求系统的某个参数既要出现又不存在，或既要高又要低，或既要大又要小等。

解决物理矛盾的工具有四种分离原理：空间分离、时间分离、条件分离和整体与局部分离。确认特定的分离原理作为解决特定的物理矛盾之后，使用符合该分离原理的创新原理得到解决方案模型。

3. 物质-场模型和标准解系统

阿奇舒勒把技术系统的功能定义为两个相关的物质与作用于它们的场之间的相互作用。任何一个完整的系统功能都可以分解为两种物质和一种场。针对要解决的实际问题，可以先构建出初始的物质-场模型(物-场模型)，在 TRIZ 针对标准问题提出的标准解系统中找到针对该问题的物质-场标准解决方案模型，进而得到具体的问题解决方案。

4. 知识使能模型和知识库与效应库

知识使能模型(How to 模型)是将技术系统的功能使用统一的功能描述方法抽象为功能模型，用功能模型全面描述系统。通常可以使用"名词+动词"的模式来描述技术系统功能，建立功能模型。比如"加热固体"，先检索所有可能不同学科领域的加热固体的知识(科学原理、效应、知识库等)，实现"加热固体"的功能，再通过查询不同学科领域的知识库和科学原理效应库得到标准解。通常不采用人工查询方式，而是采用知识库和效应库的查询方式来得到标准解。

在应用 TRIZ 解决具体问题时，原则上可以使用上述四种方法中的任意一种来得到解决方案。但是不同方法解决问题的出发点不同，需要具体问题具体分析，选用合适的 TRIZ 方法解决问题，也可以应用多种方法分析得到不同的备选方案，选择最优解决方案。

对于一些难以直接使用以上问题模型和工具解决的技术问题，TRIZ 提供了一个解决问题算法——发明问题解决算法(ARIZ)。ARIZ 是为复杂问题提供简单化解决方法的逻辑结构化过程。

1.2.5　TRIZ 的理论体系

创新从最通俗的意义上讲就是创造性地发现问题和创造性地解决问题的过程。TRIZ 理论的强大作用正在于它为人们创造性地发现问题和解决问题提供了系统的理论、方法和工具。

TRIZ 理论体系庞大，包含了诸多内容，而且还在不断发展完善中。TRIZ 理论体系主要包括以下几个方面的内容。

1. 创新思维方法与复杂问题分析方法

TRIZ 理论中提供了如何系统分析问题的创新思维方法，如九屏幕法、最终理想解法、金鱼法、小人法、STC 算子法等；而对于复杂问题的分析，则包含了科学的问题分析建模方法，如系统功能分析法和因果链分析法，通过它们可以快速确认核心问题。确认核心问题之后，可使用发明创新原理、技术矛盾、物理矛盾、物-场模型分析与标准解、发明问题解决算法 ARIZ、科学效应库和知识库等方法来解决问题。

2. 40 个发明创新原理

不同的发明创造往往遵循共同的规律。阿奇舒勒从大量高水平的发明专利中总结并提炼出 TRIZ 体系中最重要、重复应用频率最高的 40 个发明原理，针对具体的技术矛盾，可以基于这些创新原理，结合工程实际寻求具体的解决方案。

3. 39 个工程参数与矛盾矩阵

TRIZ 法通过对百万件专利的详细研究，发现仅有 39 个通用工程参数发生冲突和矛盾，彼此相对改善和恶化，进而提出了用这 39 个通用工程参数来描述技术冲突和矛盾。在实际应用时，首先要把组成矛盾双方的性能用这 39 个通用工程参数来表示，这样就将实际工程技术中的矛盾转化为一般标准的技术矛盾。矛盾矩阵是阿奇舒勒提出的解决技术矛盾的 TRIZ 工具，它将冲突与 40 个发明创新原理组成了一个由 39 个改善参数和 39 个恶化参数组成的矛盾矩阵。横轴表示改善通用工程参数，纵轴表示恶化通用工程参数，横纵轴交叉处显示用来解决技术冲突和矛盾时所使用创新原理的编号。使用技术矛盾矩阵可以根据产生技术矛盾的两个通用工程参数，从矛盾矩阵表里直接查找解决该技术矛盾的通用发明创新原理来解决问题。

4. 物理矛盾和四大分离原理

当技术系统中的同一个通用工程参数具有相反需求时，就出现了物理矛盾。比如要求某个通用工程参数既要大又要小等。物理矛盾相对于技术矛盾是一种更尖锐的工程矛盾。分离原理是阿奇舒勒提出的解决物理矛盾的 TRIZ 工具，分为空间分离、时间分离、条件分离和整体与局部分离。

5. 物-场模型分析与标准解

物-场模型分析是 TRIZ 理论建立的另一种重要的问题描述和分析工具。当无法确定技术系统(或子系统)中的工程参数时，显然也无法运用矛盾矩阵来寻找相应的发明原理，这时可以借助物-场模型分析工具来寻求解决方案。

人们设计一个技术系统的目的是为了让这个系统具有某种特定的功能，大到飞机、小到玩具，莫不如此。那么，能够执行某个功能的最小的系统至少应当包含哪些元素呢？TRIZ 理论认为，最小的系统单元至少应当由两个元素以及两个元素间传递的能量组成，这样才可以执行一个功能。阿奇舒勒把功能定义为两个物质(元素)与作用于它们中的场(能量)之间的交互作用，即物质 S2(如工具)通过能量 F(如机械力)作用于物质 S1(如工件或原料)产生的输出(功能)。

TRIZ 通过对大量专利的分析研究发现，发明问题共分为两大类，即标准问题和非标准问题。前者可以用"标准解法"来解决，而后者需要运用 ARIZ 算法来加以解决。

TRIZ 中经常应用物-场模型来分析各种标准问题。标准解法是针对标准问题而提出的解法，针对具体问题的物-场模型的不同特征，分别对应有标准的模型处理方法，包括模型的修整、转换、物质与场的添加等。

6．发明问题解决算法(ARIZ)

ARIZ 主要针对问题情境复杂、矛盾及其相关部件不明确的技术系统。它是一个对初始问题进行一系列变形及再定义等非计算性的逻辑过程，可实现对问题的逐步深入分析、问题转化，直至问题的解决。ARIZ(Algorithm for Inventive-problem Solving)是发明问题解决过程中应遵循的理论方法和步骤，是基于技术系统进化法则的一套完整问题解决的程序，是针对非标准问题而提出的一套解决算法。

ARIZ 的理论基础由以下三条原则构成：

(1) ARIZ 是通过确定和解决引起问题的技术矛盾，以进行发明问题转化的一套连续过程的程序；

(2) 问题解决者一旦采用了 ARIZ 来解决问题，其惯性思维因素必须被加以控制；

(3) ARIZ 也在不断地获得广泛的、最新的知识基础的支持。

ARIZ 最初由阿奇舒勒于 1977 年提出，随后经过多次完善才形成比较完善的理论体系，ARIZ-85 包括九大步骤：

(1) 分析问题；

(2) 分析问题模型；

(3) 陈述最终理想结果(Ideal Final Result，IFR)和物理矛盾；

(4) 动用物-场资源；

(5) 应用知识库；

(6) 转化或替代问题；

(7) 分析解决物理矛盾的方法；

(8) 利用解法概念；

(9) 分析问题解决的过程。

7．科学效应库和知识库

迄今为止，人类发明和正在应用的任何一个技术系统都必定依赖于人类已经发现或尚未被证明的科学原理。科学原理尤其是科学效应和现象的应用，对发明问题的解决具有超乎想象的、强有力的帮助。应用科学效应应遵循五个步骤，解决发明问题时经常会遇到需要实现的 30 种功能，功能实现经常要用到 100 个科学效应。基于物理、化学、几何学等领域的数百万项发明专利的分析结果而构建的知识库可以为技术创新提供丰富的方案来源。

8．技术系统进化理论

针对技术系统进化演变规律，在大量专利分析的基础上，对技术系统的创新发展规律进行了总结和抽象，提出了技术系统进化理论。它主要包括技术系统进化曲线和八大技术系统进化法则。利用这些进化法则，可以分析确认当前产品的技术状态，并预测未来发展趋势，开发富有竞争力的新产品。

习题与思考题

1. 什么是创新？什么样的人可以创新？
2. TRIZ 的主要内容是什么？
3. TRIZ 的核心思想是什么？

第 2 章　TRIZ 创新思维方法

思维是人类所具有的高级认识活动。按照信息论的观点，思维是对新输入信息与脑内储存知识经验进行的一系列复杂的心智操作过程。思维有多种形式，有抽象思维、概念思维、逻辑思维、形象思维、意象思维、直感思维、社会思维、灵感思维、反向思维、相关思维等。创新思维是其中一个。创新思维是指以新颖独创的方法解决问题的思维过程，通过这种思维能突破常规思维的界限，以超常规甚至反常规的方法、视角去思考问题，提出与众不同的解决方案，从而产生新颖的、独特的、有社会意义的思维成果。创新思维的本质在于用新的角度、新的思考方法来解决现有的问题，不受什么约束，寻求问题全新的、独特的解决方法。

创新思维的障碍是思维惯性或思维定势，习惯性思维、传统性思维很难产生创新思维。

2.1　思　维　惯　性

思维惯性在人的思维能力上是一种重要的表现，是人通过不断的学习和实践累积下来的经验所形成自己独有的对世界、对客观事物的认识、认知的规律、途径。长期实践与经验的积累，使思维惯性在处理日常事务和一般性问题时，可以驾轻就熟、得心应手，提高效率、节约成本，使问题迅速圆满解决。但是面临新问题、新情况时，思维惯性会阻挡人们形成新观念、新构思、新点子，发现新事物，成为人们思维的枷锁、前进的羁绊。

下面看几个例子。

例一： 如何用四根火柴组成一个"田"字？

大多数人都会按照习惯性思维考虑能不能折断火柴，怎么样增加火柴等。

答案是四根火柴放一块，然后竖起来看，每个火柴的横截面是一个正方形，即"口"字，四根就是"田"字。

例二： 蜜蜂实验。

有人曾做过一个蜜蜂试验，在一间较暗的房子里，把六只蜜蜂装进一个玻璃瓶中，然后将瓶子平放，让瓶底朝着较明亮的窗户，打开瓶塞。结果发生了什么？你会看到，蜜蜂不停地想在瓶底上找到出口，一直到它们力竭倒下或饿死。

而把同样多的苍蝇装进一个玻璃瓶中，然后将瓶子平放，让瓶底朝着窗户。结果发生了什么？苍蝇会在不到两分钟之内，穿过另一端的瓶颈逃逸一空。

由于蜜蜂基于出口就在光亮处的思维方式，想当然地设定了出口的方位，并且不停地重复着这种合乎逻辑的行动。正是由于思维惯性，它们才没能飞出玻璃瓶。而苍蝇则对所谓的逻辑毫不留意，全然不顾亮光的吸引，而是四下乱飞，反而误打误撞飞出了玻璃瓶。头脑简单者在智者消亡的地方顺利得救，在偶然当中有很大的必然性，这是一个非常典型的思维惯性的例子。

思维惯性的主要表现为形象惯性、专业知识惯性、术语惯性、功能惯性等。

(1) 形象惯性：形象的定式和习惯性思维。

你能从图 2.1 的左图中找到几张面孔呢？

形象惯性使人觉得图 2.1 左图只有一张面孔(整体)，但如果跳出形象惯性，就可以找到图 2.1 右图中用圆圈标注的多张面孔。

图 2.1　老人画像(形象惯性)

(2) 专业知识惯性：由于知识面狭窄，解决问题时总是局限于本领域或相关领域的知识。

(3) 术语惯性：术语可以分为专业性很强的术语(如跳水动作 305D)、通用性工程术语(如传感器、对流器)、功能术语(如支撑物、切割器、储存罐)、日常术语、孩童术语(如棍子、绳子等孩子惯用的词)等。比如对于"B-19"来说，在军人看来是一种军用飞机，而在医生看来则是一种治疗心血管病的药物。

如果说如何在木板上"钻"一个孔，由于"钻"术语的惯性和定式，人们通常想到的是怎么样用各种各样的钻头在木板上钻一个孔。如果换个说法，说如何在木板上"弄"一个孔，那人们会有很多种的解决方案，比如用钥匙、用手枪、用炸药、用火、用化学试剂等。

(4) 功能惯性：又叫功能固着，是指人们把某种功能赋予某种物体的倾向。功能固着影响人的思维，不利于新假设的提出和问题的解决。

美国心理学家迈克曾经做过这样一个实验。他从天花板上悬下两根绳子，两绳之间的距离超过人的两臂长。在这种情况下，他要求一个人把两根绳子系在一起，而他在离绳子不远的地方放了一个滑轮。如果是你，你将怎么做呢？

尽管系绳的人早就看到了这个滑轮，却没有想到滑轮会与系绳活动有关，结果没有完成任务和解决问题。

其实，这个问题也很简单。如果系绳的人先将滑轮系到一根绳子的末端，用力使它荡起来，然后抓住另一根绳子的末端，待滑轮荡到他面前时抓住它，就能把两根绳子系到一起，问题就解决了。

思维惯性会使人具备准备的心理状态，它能影响后继活动的趋向、程度以及方式。我们不仅可以用它来解释人们在感觉、知觉、记忆、思维等方面的倾向，甚至可以用它来解释人们在社会态度方面的倾向。

2.2　传统的创新思维方法

创新思维产生于人类生产生活实践，古往今来口口相传、代代承袭，不断丰富和发展，许多常用的创新思维方法被总结出来，这些思维方法看起来简单，但往往能解决大问题。

传统的创新思维通常包括简化思维、逆向思维、发散思维、联想思维、转换思维、整体思维等。

2.2.1　简化思维

简化思维聚焦核心问题，从结果或最终目标反推，以避开其他纷繁复杂因素的干扰，有点类似于逆向思维，是一种化繁为简的思维方式。

戈迪阿斯之结是一个典型的简化思维的例子。

在希腊传说中，小亚细亚的北部城市戈迪阿斯的卫城上矗立着宙斯神庙。神庙之中，供奉着一辆战车。在它的车辕和车轭之间，用山茱萸绳结成了一个绳扣，从绳扣上看不出绳头和绳尾。神谕说，如果谁能解开这个结，那么他就会成为亚洲的霸主。这便是有名的戈迪阿斯之结。几百年来，戈迪阿斯之结难住了世界上所有的智者和巧手工匠，直到公元前 334 年，亚历山大带领军队远征来到这里。他凝视绳结，然后拔出宝剑，将绳结斩断。在场的人惊呆了，继而发出了雷鸣般的欢呼声，齐声赞誉他是一个超凡的神人。

2.2.2　逆向思维

逆向思维是指在思维上与正向思维相反，在思考问题时，为了实现创造过程中的设定目标，跳出常规，改变思考对象的空间排列顺序，从反方向寻找解决方案的一种思维方式。

抽烟祈祷是一个典型的逆向思维的例子。

一位教徒在祈祷时犯了烟瘾，就问神父：“祈祷时可以抽烟吗？”神父瞪了他一眼说：“不可以。”另一位教徒在祈祷时也犯了烟瘾，他问神父：“抽烟时可以祈祷吗？”神父赞赏地说：“可以。”

司马光砸缸是另一个典型的逆向思维的例子。

司马光七岁时，有一次跟小伙伴们在后院里玩耍，有个小孩爬到大缸上玩，失足掉到缸里的水中。别的孩子们一见出了事，放弃他都跑了，司马光却急中生智，从地上捡起一块大石头，使劲向水缸击去。水涌出来，小孩也得救了。

洗衣机软转轴也是一个典型的逆向思维的例子。

洗衣机脱水缸转轴最初设计时，为了解决脱水缸颤抖和由此产生的噪声问题，工程技术人员想了很多办法，先加粗转轴，无效，后加硬转轴，也无效。最后运用逆向思维方法，用软轴代替硬轴，成功解决了问题。用手轻轻一推，脱水缸东倒西歪，但高速旋转时却非常平稳，脱水效果好。

2.2.3 发散思维

发散思维是指在创造和解决问题的思考过程中，不局限于一点、一条线索或一部分信息，而是从已知信息出发，不受个人、他人意志或现存方法、方式、范畴或规则的约束，从不同层次、不同角度、不同方向进行探索，从而提供新结构、新点子、新思路或新发现的思维过程。

卖梳子给和尚是一个典型的发散思维的例子。

一个企业家找了 4 个推销员，要求每个人带着木头梳子去推销，讲明了是给庙里的和尚推销。第一个推销员一把梳子都没卖掉，因为和尚说光头不需要用梳子。第二个推销员销售了十来把梳子，他对和尚说，经常用梳子刮刮头皮既可以美容，也可以止痒。第三个推销员销售了 100 把梳子，他对方丈说，香客很虔诚，可以在各个庙堂的桌上摆放梳子，香客可以梳梳头，把梳子作为庙里关心香客的一个手段。最后一个推销员销售了 1000 把梳子。那他怎么会销售那么多呢？他对方丈说，庙里得想办法关心香客，可以在梳子正面刻上庙里最好的对联，反面加上方丈的签名，作为回赠香客的礼品。

说出铅笔除了写字画画外的其他 20 种用法是另一个典型的发散思维的例子。

写字；无聊的时候可以咬着玩；可以当筷子；防色狼，扎他脆弱部位；可以画漫画；立起来可以当水平计；穿进墙里可以挂衣服；可以当螺丝刀拧向里凹的六角螺丝；可以当燃料；可以防辐射，因为里面有铅；可以放在手里转；可以节省钢笔；因为绝缘，可以用来碰电门；可以扎起来编个圈带起来；可以用来临摹，好擦；铅笔的芯磨成粉后可作润滑粉；第一个发明的人可以申请专利；削下的木屑可以做成装饰画；可以当眼线笔；可以做记号；碳素铅笔可以用来当正负极；有种水溶性铅笔可以当染料；可以让人发明卷笔刀；可以让人团结，一捆铅笔不容易被折断；可以画机械图；可以把一张白纸涂黑；小孩哭时可以放进盒子里摇，哄他；可以把笔芯拿出来吹泡泡；笔芯有润滑作用，可以润滑锁头；可以当钉子钻眼；手拿不到的东西可以用铅笔帮忙；生气的时候可以发泄；折断了后用尖的地方可以抠牙；可以扎在键盘里固定一个键；可以让小朋友来学习加减法，一根一根地算；鞋底卡个石子可以用铅笔拨出来；可以把两个不太重的东西插进去连接起来；一头削尖了可以对着泡沫练飞镖；戒烟的时候可以叼个铅笔当成烟来抽；可以用铅笔尖把透明胶布分成两段，当剪子用；可以演示长城的巨大石头是怎么运上去的；可以当竹蜻蜓下面的杆；可以当书签；两支铅笔一端固定可以当圆规；可以当轮盘，转几圈看笔尖指到谁；可以搭积木；可以当格尺画横线；等等。

2.2.4　联想思维

联想思维是一种由一事物的表象、语词、动作或特征联想到其他事物的表象、语词、动作或特征的思维活动。通俗地讲，联想一般是由于某人或者某事而引起的相关思考，人们常说的"由此及彼""由表及里""举一反三"等就是联想思维的体现。当人的思想受到某种刺激或在某种特定的环境下时可以产生三种类型的联想：相似联想、对比联想和接近联想。

坟地上晒太阳的猫是一个典型的联想思维的例子。

二战期间，德国侦察兵发现法军阵地后方的坟地上经常出现一只有规律活动的家猫。每天早晨八九点钟时，那只猫就在坟地上晒太阳，而坟地周围既没有村庄的房舍，也看不到有人活动。这位善于联想的侦察兵从空间位置的接近上，联想到坟地下面可能是个掩蔽部，还可能是个高级机关，于是发出通知，德国用 6 个炮兵营集中攻击这片坟地。事后查明，这里的确是法军的一个高级指挥部，掩蔽在里面的人员几乎全部丧生。

2.2.5　转换思维

转换思维是指解决问题的过程中遇到障碍时把问题由一种形式转换成另一种形式，使问题变得更简单、更清晰的思维活动。它实际上是一种多视角思维，即从多个角度观察同一现象，用联系的、发展的眼光看问题，以得到更加全面的认识，从多个层次、多个方面、多个角度思考同一问题，以得到更加完满的解决方案。

怀丙捞牛是一个典型的转换思维的例子。

宋朝河中府有一座浮桥，用八头铁铸的牛来固定着它，一头铁牛都有几万斤。治平年间，河水暴涨冲断了浮桥，牵动铁牛沉到河里，朝廷招募能够捞出铁牛的人。真定(今河北正定县)有个名叫怀丙的和尚，用两只大船装满泥土，把铁牛系到船上，用大木头做成秤钩的形状钩住铁牛，然后慢慢地去掉船上的泥土，船不断向上浮起，铁牛也浮上来了。

2.2.6　整体思维

整体思维又称系统思维，它认为整体是由各个局部按照一定的秩序组织起来的，要求以整体和全面的视角把握对象。

田忌赛马是一个典型的整体思维的例子。

齐威王约田忌赛马，各自选出三匹马，分上、中、下三个等级进行赛跑。结果显而易见，齐威王兵强马壮，同等级的马总能略胜一筹，田忌最终以完败收场。孙膑出主意让田忌用下等马对上等马，上等马对中等马，中等马对下等马。结果在第一场大败之后就连胜两场。

上面介绍了人们经常使用的传统的解决发明问题的创新思维方法，是高度概括与抽象的，倾向于形式化，在运用中受到使用者经验、技巧和知识积累水平的制约。传统的创新思维方法的运用是一种艺术，而不是一种技术。传统的创新思维方法过于依赖非逻辑思维，效果波动大，不适宜大范围推广。解决发明问题效率较低、发明级别较高的问题通常无法使用传统的创新思维方法解决。

2.3　TRIZ 中的创新思维方法

要想打破创新过程中的思维惯性，需要一定的方法和必要的训练，学习和掌握 TRIZ 中的创新思维方法，可以帮助消除阻碍创新性思维的思维惯性。创新思维方法主要包括九屏幕法、最终理想解、金鱼法、小人法、STC 算子法等。这些方法在遵循客观规律的基础上，引导人们沿着一定的维度来进行发散思考，可以有效地帮助人们快速跳出思维惯性，使思维在快速发散的同时进行快速的收敛。

2.3.1　九屏幕法

九屏幕法是一种综合考虑问题的方法，旨在分析和解决问题时，不仅要考虑当前的系统，还要考虑超系统和子系统；不仅要考虑系统的当前状态，还要考虑系统的过去和未来，以及超系统和子系统的过去和未来。

我们把所研究的、正在发生当前问题的系统通常称为"当前系统"，它是由物质组件组成，为满足人们(社会)的需求而实现某种功能的系统。系统由多个子系统组成，并通过子系统间的相互作用实现一定的功能。子系统是技术系统的组成部分。系统之内的低层次系统称为子系统，系统之外的高层次系统称为超系统。超系统包含技术系统和与它有关的其他系统的系统。

如果我们以汽车作为一个系统(见图 2.2)，那么轮胎、发动机、方向盘等就是汽车的子系统，交通系统就是汽车的一个超系统，因为每辆汽车都是整个交通系统的一个组成部分。当然，气候、车库等也是汽车的超系统。

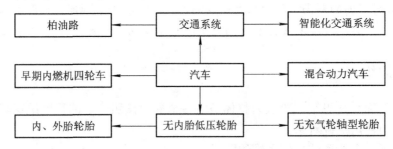

图 2.2　使用九屏幕法分析汽车

"当前系统"是一个相对的概念。如果我们将轮胎作为"当前系统"来研究的话，那么轮胎中的橡胶、子午线、充气嘴等就是轮胎的子系统，而汽车、驾驶员、气候、车库、交通系统等就都是轮胎的超系统。

九屏幕法分析步骤如下(见图 2.3)：

(1) 画出三横三纵的表格，将要研究的技术系统填入格 1 中；

(2) 考虑技术系统的子系统和超系统，分别填入格 2 和格 3 中；

(3) 考虑技术系统的过去和未来，分别填入格 4 和格 5 中；

(4) 考虑超系统和子系统的过去和未来，填入剩下的格中；

(5) 针对每个格子，考虑可用的各种类型资源；

(6) 利用资源规律，选择解决技术问题；

(7) 从技术系统本身出发，考虑可利用的资源；

(8) 考虑技术系统中的子系统和系统所在的超系统中的资源；

(9) 考虑子系统的过去和未来，从中寻找可利用的资源；

(10) 考虑超系统的过去和未来，从中寻找可利用的资源；

(11) 考虑超系统和子系统的过去和未来。

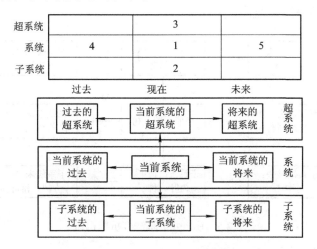

图 2.3 九屏幕法分析步骤

九屏幕法是一种系统思维。使用九屏幕法可以对情境进行系统的思考，不仅考虑本系统，还要考虑相关的其他系统和系统内部，以及系统的过去和未来，系统地、动态地、联系地看待事物；使用九屏幕法分析可以系统地思考问题的产生与发展，系统地分析资源，从资源的视角探究解决问题的可能性，选取最佳方案解决问题。

九屏幕法实例一：太空钢笔(见图 2.4)。

美国国家科学院的科学家们想研制一种在太空失重情况下使用的太空钢笔，可是研究了好长时间都没有结果。最后科学家们向全国发出了征集启事，一周后收到了一位小学生寄来的包裹，上面歪歪扭扭地写着一行字"能否试试这个"。打开包裹一看，令一群科学家拍案叫绝——原来是一捆铅笔。

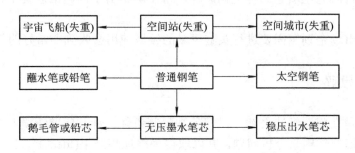

图 2.4 使用九屏幕法分析太空钢笔

似乎许多人都觉得太空钢笔真是毫无意义的发明，但实际上并不是这样的。确实，早期的宇航员都使用铅笔，但并不是因为接受了小学生的建议，而是因为钢笔、圆珠笔在失重条件下都无法使用，铅笔是唯一的选择。但是铅笔芯有时候会断，在失重的环境中漂浮，会飘进鼻子、眼睛中，或漂进电器中引起短路，成了危险品。而且，铅笔的笔芯和木头在纯氧的环境中会快速燃烧。

九屏幕法实例二：孟加拉国棕榈树。

孟加拉国有 1300 万棵棕榈树，一棵棕榈树每年可产 240 升树汁用来生产棕榈糖。棕榈树树干一般高 20 多米，如何割取棕榈汁？

分析各个场景的资源，见图 2.5。

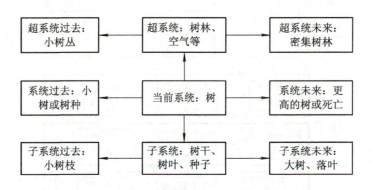

图 2.5　使用九屏幕法分析棕榈树

在超系统中寻找方案：

用绳子将多棵棕榈树从低处螺旋上升缠绕至高处，形成绳梯，利用绳梯攀爬至高处收取树汁；训练猴子帮助收取树汁。

从系统的过去寻找方案：

将棕榈树从小种在适合高度的悬崖或高坡下，棕榈树长成后，可在悬崖或高坡上收取树汁；从小在棕榈树的树干上逐年砍出阶梯，棕榈树长成后，可沿阶梯攀爬至高处收取树汁。

九屏幕法是一种分析问题的手段，而并非一种解决问题的手段。它体现了如何更好地理解问题的一种思维方式，也确定了解决问题的某个新途径。

另外，各个屏幕显示的信息，并不一定都能引出解决问题的新方法，如果实在找不出好的办法，可以暂时先空着它。但无论怎样，每个屏幕对于问题的总体把握肯定是有所帮助的。

九屏幕法在市场企划等需要进行头脑风暴的领域使用会收到非常好的效果。

2.3.2　最终理想解

最终理想解是在问题解决之初，抛开各种限制条件，针对问题情境，设立各种理想模型，即用最优的模型结构来分析问题，并以取得最终理想结果(Ideal Final Result，IFR)作为终极追求目标的方法。

最终理想解具有以下特点：

(1) 保持了原系统优点；

(2) 消除了原系统不足；

(3) 没有使系统变得更复杂；

(4) 没有引入新的缺陷。

确定了待设计产品或系统的最终理想解之后，可用这几个特点来检查有无不符合之处，并进行系统优化，已确认达到或者接近最终理想解。

最终理想系统是技术系统，物理上它并不存在，但却能够实现所有必要的功能。系统在保持有用功能正常运作的同时，能够自行消除有害的、不足的、过度的作用。

最终理想解的分析策略不是从现状开始分析问题，而是要首先找到设计的最终目标和最终理想解，从最终理想解开始分析问题。解决方案的空间，可以是从最终理想解出发到当前系统的任意一个地方。

最终理想解的分析步骤如下：

(1) 设计的最终目标是什么？

(2) IFR 是什么？

(3) 达到最终理想解的障碍是什么？

(4) 它为什么成为你的障碍？

(5) 如何使障碍消失？

(6) 什么资源可以帮助你？

(7) 在其他领域中或用其他工具可以解决这个问题吗？

最终理想解实例一：如何降低割草机的电机噪声？

割草机在割草时会发出噪声，消耗能源，产生空气污染。高速飞出的草有时会伤害到操作者。现在的第一任务是改进已有的割草机，解决噪声问题。在传统设计中，为了达到降低噪声的目的，设计者一般要为系统增加减震器或消音器，这不仅增加了系统的复杂性，而且增加的子系统也降低了系统的可靠性。显然，这不符合 IFR 的四个特点中的后两个。

用最终理想解来进行分析，应该思考什么是系统的最终目的，什么是最终理想解。

用传统工程的思维方式思考，考虑的是如何降低割草机的马达噪声。从 TRIZ 最终理想解角度思考，考虑的是如何不使用割草机，进而转向思考如何使草不会长高。

问题描述：草坪上的草长得很快，而且参差不齐。

传统解决方案：使用割草机。

IFR：草坪上的草不需要修剪，自己始终维持在一个水准。

从 IFR 出发的解决方案："聪明的"草种。

最终理想解实例二：农场主养兔子的难题。

农场主有一大片农场，放养大量的兔子。兔子需要吃到新鲜的青草，农场主不希望兔子走得太远而照看不到。现在的难题是，农场主不愿意也不可能花费大量的资源割草运回来喂兔子。这难题如何解决？

(1) 问题的最终目的是什么？

兔子能够吃到新鲜的青草。

(2) 理想解是什么？

兔子永远吃到青草。

(3) 达到最终理想解的障碍是什么？

放兔子的笼子不能移动。

(4) 出现这种障碍的结果是什么？

由于笼子不能移动，可被兔子吃的草地面积不变，短时间内青草就被吃光了。

(5) 不出现这种障碍的条件是什么？

当兔子基本吃光笼子内的鲜草时，笼子移动到另一块有青草的地方。

(6) 创造这些条件存在的可用资源是什么？

青草、笼子、空气、兔子等。

(7) 解决方案：

给笼子装上轮子，兔子自己推着笼子移动，去不断地获得青草。

最终理想解实例三：清洁衣服。

(1) 设计的最终目标是什么？

清洗衣服。

(2) IFR 是什么？

衣服自动清洗。

(3) 达到最终理想解的障碍是什么？

衣服纤维不能完成这个功能。

(4) 它为什么成为你的障碍？

衣服纤维不能完成这个功能，衣服不能被清洁。

(5) 如何使障碍消失？

如果有一种纤维或者纤维结构可以清洗自己。

(6) 什么资源可以帮助你？

纤维、空气、穿衣服的人、衣橱、阳光……

(7) 在其他领域中或用其他工具可以解决这个问题吗？

自我清洁功能在大自然中可能是存在的(莲属植物)，自我清洁的衣物纤维还在研究中。所以，我们不能达到最终理想解 IFR 的状态，我们希望用一个低挑战性的最终理想解 IFR 来分析问题。

最终理想解实例四：清洁衣服(次级 IFR)。

(1) 设计的最终目标是什么？

清洗衣服。

(2) IFR 是什么？(次级)

不需要任何化学清洁剂清洗衣服。

(3) 达到最终理想解的障碍是什么？

不用化学清洁剂不能清洁衣服。

(4) 它为什么成为你的障碍？

没有可替代化学清洁剂的方法清洁衣服。

(5) 如何使障碍消失？

如果有其他方法可以破坏脏物和衣服的黏合。

(6) 什么资源可以帮助你？

水、衣服、脏物、清洗设备、其他家庭产品、电等。

(7) 在其他领域中或用其他工具可以解决这个问题吗？

还有其他工业领域解决更通用的"清洗"和"移除灰尘"问题，或者使用"How to"模型与科学效应库。

最终理想解 IFR 可以直接设想最理想的技术系统，在解决问题的最初就使矛盾更加尖锐化，有利于更彻底地解决矛盾，得到最理想的解决问题方案。

2.3.3　金鱼法

金鱼法是从幻想式解决构想中区分现实和幻想的部分，然后再从解决构想的幻想部分分出现实与幻想两部分的思维方法。这样的划分不断地反复进行，直到确定问题的解决构想能够实现时为止。采用金鱼法，有助于将幻想式的解决构想转变成切实可行的构想。

金鱼法的分析步骤如下：

(1) 将问题分为现实和幻想两部分。

(2) 问题 1：幻想部分为什么不现实？

(3) 问题 2：在什么条件下，幻想部分可变为现实？

(4) 列出子系统、系统和超系统的可利用资源。

(5) 从可利用资源出发，提出可能的构想方案。

(6) 构想中的不现实方案，再次回到第一步，重复以上几步。

金鱼法实例一：如何实现埃及神话故事中会飞的魔毯？

(1) 将问题分为现实和幻想两部分。

现实部分：毯子、空气。

幻想部分：毯子会飞。

(2) 幻想部分为什么不现实？

由于地球引力，毯子具有重量，而毯子比空气重。

(3) 在什么情况下，幻想部分可变为现实？

对毯子施加向上的力；毯子的重量小于空气的重量；地球的重力不存在。

(4) 列出所有可利用资源。

超系统：空气中的中微子流、空气流、地球磁场、地球重力场、阳光等。

系统：毯子本身也包括其纤维材料、形状、质量等。

(5) 利用已有资源，基于之前的构想(第三步)考虑可能的方案。

毯子的纤维与中微子相互作用可使毯子飞翔；在毯子上安装提供反向作用力的发动机；毯子在宇宙空间或在做自由落体的空间中；毯子由于下面的压力增加而悬在空中(气垫毯)；

利用磁悬浮原理；毯子比空气轻；通过振荡能够在空气中产生一种浮力，像船只漂浮在水面上。

金鱼法实例二：训练长距离游泳的游泳池。

问题：要使训练有效，需要一个大型的游泳池，运动员可进行长距离游泳训练。但同时，游泳池的占地面积和造价就会相应地增加。用小型和造价低廉的游泳池怎样满足相同的要求？

(1) 将问题分为现实和幻想两部分。

现实部分：小型、造价低廉的游泳池。

幻想部分：在小型游泳池内实现单方向、长距离游泳训练。

(2) 幻想部分为什么不现实？

运动员在小型游泳池内很快就能游到对岸，需要改变方向。

(3) 在什么情况下，幻想部分可变为现实？

运动员体型极小；运动员游速极慢；运动员游动时停留在同一位置，止步不前。

(4) 列出所有可利用资源。

超系统：天花板、墙壁、空气、游泳池的供水系统、游泳池的排水系统。

系统：泳池的面积、泳池的体积、泳池的形状。

子系统：泳池底、泳池壁、水。

(5) 利用已有资源，基于之前的构想(第三步)考虑可能的方案。

将运动员固定在游泳池的一侧或池底；水的摩擦阻力极大，如在游泳池内灌注黏性液体，从而降低游泳者的游动速度，增加负荷使其不能向前游动；游泳者逆流游动，如借助供水系统的水泵，在游泳池内形成反方向流动的水流；游泳池为闭路式(即环形泳道)……

使用金鱼法可以对思维惯性带来的想法进行重新定位和思考，有助于将幻想式的解决构想转变成切实可行的构想。

2.3.4　小人法

当系统内的某些组件不能完成其必要的功能，并表现出相互矛盾的作用时，用一组小人来代表这些不能完成特定功能的部件。通过能动的小人，实现预期的功能，再根据小人模型对结构进行重新设计。这种方法称为小人法。使用小人法可以克服由于思维惯性导致的思维障碍，提供解决矛盾问题的思路。

小人法的分析步骤如下：

(1) 把对象中各个部分想象成一群一群的小人。(当前怎样)

(2) 把小人分成按问题的条件而行动的组。(分组)

(3) 研究得到的问题模型(有小人的图)并对其进行改造，以便实现解决矛盾。(该怎样——打乱重组)。

(4) 过渡到技术解决方案。(变成怎样)

使用小人法的常见错误如下：

(1) 画一个或几个小人，不能分割重组。

(2) 画一张图，无法体现问题模型与方案模型的差异。

小人法实例：水计量计(见图 2.6)。当水量到达计量值时，由于重力作用，左端下沉，排出计量水量。

问题：水计量计中的水没有办法完全排出，导致计量不准确。

图 2.6　水计量计示意图

系统的组成部分：水、计量水槽。

用小人表示各组成部分：水计量计左端的小人——水，水计量右端的小人——水槽重心，如图 2.7 所示。

图 2.7　小人法表示水计量计

现在的状况(见图 2.8)。

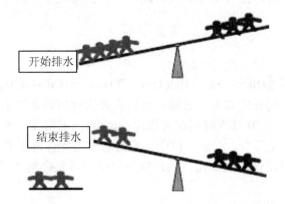

图 2.8　用小人法表示水计量计问题

(1) 调整小人位置，得到期望的结果。

(2) 水计量右端的小人要都跳下去，考虑跷跷板的原理，如图 2.9 所示。

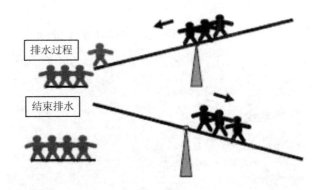

图 2.9   用小人法分析水计量计

根据小人法图示，考虑实际的技术方案。

方案：可变重心的计量水槽，如图 2.10 所示。

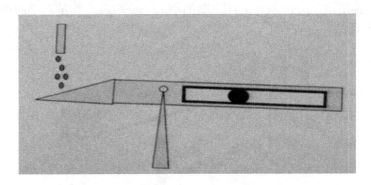

图 2.10   用小人法得到水计量计难题解决方案

小人法可以更形象生动地描述技术系统中出现的问题。通过用小人表示系统，打破原有对技术系统的思维定式，更容易地解决问题，从而获得理想解决方案。

2.3.5   STC 算子法

STC 算子法考虑尺寸(Size，S)、时间(Time，T)和成本(Cost，C)算子，它是将尺寸、时间和成本因素进行一系列变化的思维试验，包括六种假设初始条件下的思维试验：① S(尺寸)：无穷大、无穷小；② T(过程时间或对象运动速度)：无穷大、无穷小；③ C(成本，即允许的支出)：无穷多、无穷少。它是一种让我们的思维进行有规律的、多维度的发散方法。STC 算子法可以克服思维惯性的障碍，迅速发现对研究对象最初认识的不准确和误差，重新认识研究对象。

STC 算子法的分析步骤如下：

(1) 明确研究对象现有的尺寸、时间和成本；

(2) 想象对象的尺寸无穷大(S→∞)、无穷小(S→0)；

(3) 想象过程的时间或对象运动的速度无穷大(T→∞)、无穷小(T→0)；

(4) 想象成本(允许的支出)无穷大(C→∞)、无穷小(C→0)。

注意事项：

(1) 每个想象试验要分步递增、递减，直至进行到物体新的特性出现为止；

(2) 不可以因担心系统变得复杂，在还没有完成所有想象试验之前就中止；

(3) 使用成效取决于主观想象力、问题特点等情况；

(4) 不要在试验的过程中尝试猜测问题最终的答案。

STC 算子法实例：船的海锚的 STC 思维试验。

(1) 研究对象：船、锚、水和海底。

对尺寸、时间和成本三个方面的参数进行一系列变化的思维试验。

当前：假设船身长 100 m，吃水量 10 m，船距海底 1 km，锚放到海底需 30 min 的时间。

(2) 尺寸方面：

试验 1：尺寸 S 趋于无穷大，把船的尺寸增加为原来的 100 倍，变为 10 km，这时船底已经触到海底了，船沉到了海底，也就不需要海锚了。

试验 2：尺寸 S 趋于 0，如果把船的尺寸缩小为原来的 1/1000，则变为 10 cm，船变得太小了(如同一块小木片)，缆绳的长度和重量远远超过小船的浮力，船将无法控制并将会沉没。

(3) 时间方面：

试验 3：时间 T 趋于无穷大，当时间为 10 h 的时候，锚下沉得很慢，可以很深地嵌入海底，打下扎到海底的桩子。有一种旋转型的锚，如在美国已获得专利的振动锚，电动机的振动将锚深深地嵌入海底(系留力是锚自重的 20 倍)。但这种方法不适用岩石海底。

试验 4：时间 T 趋于 0，如果把时间缩减为原来的 1/100，则需要非常重的锚，使它能够快速地沉到海底；如果把时间缩减为原来的 1/1000，锚就要像火箭一般降入海底；如果把时间缩减为原来的 1/10000，那么只能利用爆破焊接，将船连接到海底了。

(4) 成本方面：

试验 5：成本 C 趋于无穷大，如果允许不计成本，就可以使用特殊的方法和昂贵的设备(用白金做锚，利用火箭、潜水艇和深海潜箱)。

试验 6：成本 C 趋于 0，如果需要的成本为零，那就利用不需要花费成本的现有的环境资源——海水，如果可行的话，则可以被认为是最好的方法。

(5) 解决方案：

用一个带制冷装置的金属锚，锚重 1 t，制冷功率 50 kW/h，1 min 后，锚的系重力可达 20 t，10～15 min 后可达 1000 t (前苏联专利 No.1134465)。

STC 算子法分析问题的典型错误是半途而废，由于担心问题被复杂化而退回到从前，没有完成所有步骤的试验就试图猜答案。

STC 算子法不是为了获取问题的答案，而是为了解放思想，为下一步寻找解决方案做准备。用 STC 算子思考后，可以发现系统中的技术矛盾或物理矛盾。STC 算子法是克服思维定势、改善思维方式的一种很好的工具。

习题与思考题

1. 一家人去旅游时要携带饮料,太太喜欢喝热的饮料,女儿喜欢喝冷的饮料,怎么办?请应用 TRIZ 创新思维方法进行分析得到解决方案。

2. 理想的风扇是什么样子的? 请应用最优理想解法进行分析得到解决方案。

3. 怎样给鸡蛋打生产日期戳? 请应用 TRIZ 创新思维方法进行分析得到解决方案。

4. 为了研究,需要测量动物园里毒蛇的长度,这种毒蛇攻击性很强,人不能靠近它。动物组织也在关注这个事情,因此不能为了研究而伤害它。请应用 TRIZ 创新思维方法进行分析得到解决方案。

5. 如何利用空气赚钱? 请应用 TRIZ 创新思维方法进行分析得到解决方案。

第 3 章　TRIZ 复杂问题分析方法

应用 TRIZ 在解决复杂技术系统问题时，通过问题的定义和分析会得到不同的问题模型，因此问题的定义和分析非常重要。

本章将介绍两种有效的问题定义和分析的方法：系统功能分析方法和因果链分析方法。

3.1　系统功能分析方法

TRIZ 理论认为技术系统的作用就是为了执行功能，产品是功能的体现。系统功能可以层层分解为子系统功能，直至最底层子系统功能为止。

系统功能分析方法是识别系统或超系统组件的功能、特点和成本的分析工具。

系统功能分析方法的目的如下：

(1) 明确工程系统各功能之间的关系，合理匹配功能。

(2) 降低成本，提高价值。

(3) 使工程系统具有合理的功能结构，满足功能需求。

(4) 确定必要功能，发现不必要功能和过剩功能。

(5) 弥补不足功能，去掉不合理功能。

3.1.1　系统功能分析概念

1. 系统分析

系统分析是从技术系统抽象的功能角度来分析系统的，分析系统执行或完成其功能的状况。

开发新技术系统时，首先需确定系统完成或实现的主要功能，然后将主要功能分解为子功能，即功能分解。

改进已有技术系统时，是理清技术系统的主要功能以及其辅助功能，以便理解系统，找出系统的问题所在。

2. 技术系统、组件

技术系统由组件组成，通过组件之间的相互作用实现一定的功能。技术系统中至少有一个组件是人工制造的。组件是工程系统或超系统的组成对象。

组件是技术系统的组成部分。组件执行一定的功能。组件也可以是一个包含有子组件的子系统，是由物质与/或场组成的对象。其中物质是拥有静质量的对象，场是传递物质之间相互作用的无静质量的对象。

3．技术系统的级别

技术系统分为超系统、系统和子系统三个级别。超系统由系统组件和其他系统组件组成。系统是指能执行一定功能的系统，一般指我们整体的研究对象，由多个子系统组件组成。

系统作用对象是系统功能的接受体，属于超系统的一部分。

4．功能

1）功能的定义

功能是一个组件改变或保持另一个组件某个参数的行为，是组件能够满足某种需求的一种属性。

组件功能是其作用于其他对象上的动作和行为；功能描述了组件是用来做什么的；功能表现了组件改变其他对象的能力。

功能是抽象概念，功能在物理上并不存在，也没有物理属性(温度、重量……)。

2）功能的分类与级别

根据与主要功能的关系可将功能分为有用功能和有害功能。有用功能又分为正常功能、不足功能和过量功能。

功能的级别分为基本功能、附加功能和辅助功能。

(1) 基本功能：功能载体是系统中与系统作用对象直接作用的组件，功能对象为系统目标，最高优先级。

(2) 附加功能：功能对象为超系统组件。

(3) 辅助功能：保证完成基本功能的功能，功能对象是系统其他组件。

3）功能存在的条件

(1) 功能载体和对象都是组件(物质和/或场)。

(2) 功能载体和对象之间相互作用。

(3) 功能对象的参数由于相互作用导致了改变(或保持)。

功能定义必须满足功能存在的三个条件。

比如士兵头盔功能是挡住子弹(石块)，而不是提供安全、挽救生命、保护生命或不让子弹通过；抹布功能是去除灰尘，而不是擦玻璃、提高玻璃的透光率、让玻璃变干净或清洁；洗衣机功能是去除灰尘，而不是洗衣服、让衣服变干净、清洁、不让灰尘沾到衣服。

3.1.2 系统功能分析方法的流程和基本步骤

系统功能分析方法分为三个步骤：组件分析、相互作用分析和功能建模。

(1) 组件分析：识别系统和超系统组件。

(2) 相互作用分析：识别组件两两之间的相互作用。

(3) 功能建模：识别组件之间功能，识别功能级别与状态，得到功能模型图。

1．组件分析

组件分析用于识别工程系统的组件以及超系统中与工程系统有相互作用或者共存的组件。 具体步骤如下：

(1) 根据系统目标和条件选择合适的组件分析层级，拆解到把问题暴露出来为止。选择较低层级会增加分析工作量，而选择较高层级会使信息不充分。

(2) 将组件按照系统组件和超系统组件分类，把同类的汇总在一起。

组件分析结果用表格形式表示，如表 3.1 所示。

表 3.1　组件分析模板(以椅子为例)

工程系统	组　件	超系统组件
椅子	靠背 坐垫 椅子腿	人 地面 空气

2．相互作用分析

做完组件分析之后，再进行相互作用分析。

相互作用分析是识别工程系统以及超系统组件之间的相互作用。

相互作用是指两个组件之间发生了相互接触，两个组件之间必须发生实体接触(包括通过场产生的接触)，才有相互作用。两个组件之间必须有相互作用，才可能存在功能。也就是说两个组件之间必须有相互作用，其中一个组件对另一个组件才可能有某种功能。但是两个组件之间有相互作用，他们之间也不一定有功能。也就是说两个组件之间必须有相互作用是两个组件之间有功能的必要不充分条件。

相互作用分析没有间接接触，必须直接接触。做相互作用分析是为了找到更多的解决途径。具体步骤如下：

(1) 列出组件矩阵表格，如表 3.2 所示。横排、纵列列出组件分析中所有系统组件和超系统组件。

(2) 两两分析组件，看两者有无相互作用，即有无互相接触。有相互作用标注"＋"，无相互作用标注"－"，得到相互作用矩阵。

如果某个组件和其他组件无相互作用，说明此部件无功能，可删除。

表 3.2　相互作用分析矩阵模板(以椅子为例)

组　件	靠背	坐垫	椅子腿	人	地面	空气
靠背		＋	－	＋	－	＋
坐垫	＋		＋	＋	－	＋
椅子腿	－	＋		＋	＋	＋
人	＋	＋	＋		＋	＋
地面	－	－	＋	＋		＋
空气	＋	＋	＋	＋	＋	＋

相互作用矩阵中，"+"表示两个组件有相互作用，可能存在功能，需在功能建模中做进一步分析；"−"表示两个组件没有相互作用，不可能存在功能。

3. 功能建模

完成相互作用分析后进行功能建模，即建立工程系统功能模型。描述工程系统和超系统组件的功能，以及有用功能、性能水平和成本。具体步骤如下：

(1) 列出相互作用组件的所有功能。

对相互作用矩阵中每一个有"+"的单元进行分析，判断是否有功能。如果有功能，则确定功能载体和对象，列出每一个有"+"的单元的所有功能、功能载体和对象。

(2) 功能评级。

首先判断每一个有"+"的单元的所有功能是有害功能还是有用功能。如果是有用功能，则按基本功能、附加功能、辅助功能分级并打分，基本功能 3 分、附加功能 2 分、辅助功能 1 分。

(3) 确定功能性能水平(不足、过量、正常)。

对有用功能进行性能水平判定，确定是功能正常、功能不足还是功能过量。

(4) 表格形式或图形形式的功能模型。

使用功能表或功能模型图建立系统功能模型。功能表模板如表 3.3 所示，功能模型图模板如图 3.1 所示。

表 3.3　功能表模板(以椅子为例)

功　能	等　级	性能水平	总　分
坐　垫			
支撑人	基本功能	正常	4
支撑靠背	辅助功能	正常	
靠　背			
支撑人	基本功能	正常	3
椅子腿			
支撑坐垫	辅助功能	正常	1
划伤地面	有害功能		
地　面			
支撑椅子腿	辅助功能	正常	4
支撑人	基本功能	正常	

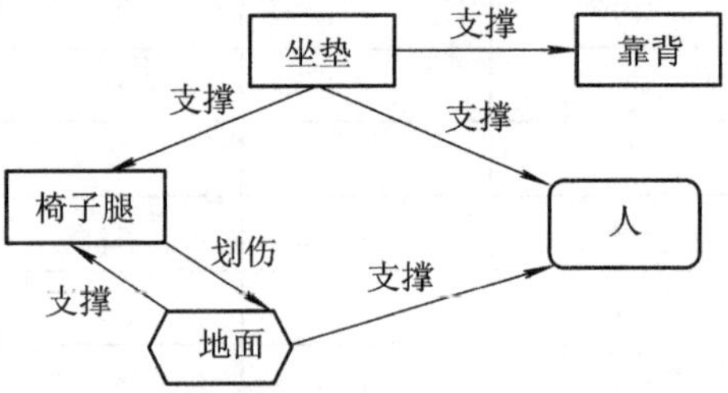

图 3.1　功能模型图模板(以椅子为例)

(5) 整理功能缺点。

有害功能、不足功能、过量功能是功能分析中识别出的功能缺点，整理功能缺点，完成系统功能分析。

3.2　因果链分析方法

应用 TRIZ 在解决技术系统问题时，问题的定义和分析通常可以使用系统功能分析和因果链分析方法。使用系统功能分析方法分析得到功能缺点后，如果问题还不明确，则可继续使用因果链分析方法做进一步分析。

3.2.1　因果链分析方法的概念

因果链分析法从系统存在的问题入手，层层分析形成此现象的原因，直至分析到最后不可分解为止。在分析的过程中，可以向原因方向分析，也可以向结果方向分析。解决的方案可以从分析出的各层原因中进行选择。

因果链分析的方法就是一层一层地追究下去，直至分析到最终及原因为止。

因果链分析的目的是不断寻找问题发生的原因，构成原因链，进而找到根本原因或容易解决的原因，寻找解决问题的"薄弱点"，分析解题资源，降低问题解决的成本。

因果链分析的结束条件是：① 当不能继续找到下一层的原因时；② 当达到自然现象时；③ 当达到制度/法规/权利/成本等极限时。

3.2.2　因果链分析方法的流程和基本步骤

因果链分析是全面识别工程系统缺点的分析工具。它可以找到潜伏深层原因，建立初始缺点和各级底层缺点的逻辑关系，解决关键缺点，可消除初始缺点，改进工程系统。

1. 因果链分析方法

使用 5why 方法进行因果链分析，至少问五个层次以上的为什么，用来识别和说明因果分析链，从而恰当定义问题。

这样我们可以转换问题，不用解决最开始的初始问题，而是利用分析问题工具找到隐藏深层次的问题，找到深层次的关键问题，可以更容易地解决问题。

例：一个生产线的机器频繁停转，多次修理后仍不能解决问题。

问：机器为什么停转？

答：机器超负荷，保险丝断。

问：为什么会超负荷？

答：轴承的润滑不够。

问：为什么润滑不够？

答：润滑油泵吸不上油。

问：为什么吸不上油？

答：油泵轴磨损导致松动。

问：为什么会磨损？

答：没有安装过滤器，轴隙混入铁屑。

由以上分析得知，可以在润滑油泵泵轴上安装过滤器来解决初始问题。

2. 因果链分析流程与步骤

利用因果链分析的步骤如下：

(1) 列出需要解决的初始缺点(目标反面或根据实际情况)；

(2) 逐一逐级列出造成本层缺点的所有直接原因；

(3) 将同一层级缺点用 and 或 or 连接；

(4) 直至末端缺点；

(5) 检查功能缺点是否全部包含在因果链内，判断是否遗漏、添加；

(6) 确定关键缺点(不一定是末端缺点)；

(7) 将关键缺点转化为关键问题，找解决方案。

从各个关键问题出发挖掘可能存在的矛盾，使用 TRIZ 解决。

习题与思考题

1. 什么是系统功能分析法？

2. 系统功能分析法的应用流程和步骤是什么？

3. 什么是因果链分析法？

4. 因果链分析法的应用流程和步骤是什么？

第4章 40个发明创新原理及应用

TRIZ 理论中最有普遍用途的 40 个发明创新原理是 TRIZ 解决问题的基本方法,是 TRIZ 理论的基础内容,是行之有效的创新方法。

4.1 发明创新原理的由来

TRIZ 理论创始人阿奇舒勒和他的弟子们在分析了数以千计的专利后发现:虽然每个专利所解决的问题是不一样的,但是,在解决这些问题时,所使用的原理是基本类似的,许多专利中所使用的解决方案其实已经在其他的领域中出现并被成功地应用过。在不同的技术领域,类似的问题和相同的解决方案被人们反复使用。比如应用瞬间压力差原理就产生了 200 多种发明,典型的有迅速去除青椒籽和蒂的发明、迅速剥除松子壳的发明、使钻石沿内部原有的微裂纹分割的发明、船用发动机冷却水过滤器的快速清洁系统等。

阿奇舒勒认为,如果跨领域间的技术能够更加充分地借鉴,就可以更容易地开发出创新的技术。同时他也认为解决发明问题的规律是客观存在的,如果掌握了这些规律,就可以跨越领域、行业的局限,提高发明的效率、缩短发明的周期,使解决发明问题更具有可预见性。

不同的发明创造往往遵循共同的规律。阿奇舒勒从大量高水平的发明专利中总结并提炼出 TRIZ 体系中最重要、重复应用频率最高的 40 个发明创新原理,并进行了编号,这就是被人们所熟知的 40 个发明创新原理。这 40 个发明原理是 TRIZ 理论中解决问题的重要工具。应用时,既可以将它们作为一个独立的解决问题的工具来运用,也可以结合其他 TRIZ 工具,如后面介绍的技术矛盾和物理矛盾来运用。

40 个发明创新原理如表 4.1 所示。

表 4.1　40 个发明创新原理

1	分割	7	嵌套
2	抽取	8	重量补偿/互消
3	局部质量	9	预加反作用
4	不对称	10	预操作
5	合并/组合	11	预先防范
6	通用/普遍性	12	等势性

续表

13	反向	27	低成本替代
14	曲面化	28	机械系统替代
15	动态化	29	气动与液压结构
16	未达到或过度作用	30	柔性壳体或薄膜
17	维数变化	31	多孔材料
18	机械振动	32	改变颜色
19	周期性作用	33	同质性
20	有效作用的连续性	34	抛弃或再生
21	减少有害作用的时间	35	物理化学参数变化
22	变害为益	36	相态转变
23	反馈	37	热膨胀
24	借助中介物	38	强氧化
25	自服务	39	惰性环境
26	复制	40	复合材料

4.2　40 个发明创新原理与应用

4.2.1　分割(Segmentation)

1. 具体应用方法

(1) 把一个物体分成相互独立的部分。例如：

① 把一个 90° 角的空气管道弯头分成一组互相独立的一排管道弯头，从而改善气体流通，并减小涡流。

② 无线鼠标/无线键盘。

(2) 将物体分成容易组装和拆卸的部分。例如：

① 组合家具。

② 临时交通灯的电杆是由可以折叠的部分组成的，以便运输和安装。

③ 可更换刀片的美工刀。

(3) 提高物体的可分性。例如：

① 活动百叶窗替代整体窗帘。

② 滚筒传送带的演变。

2. 典型案例

电子线路板(PCB)表面贴装技术(SMT)所使用的锡膏，主要成分是粉末状焊锡，用以代替传统焊接用的焊锡丝和焊锡条，可提高焊透程度。

4.2.2　抽取(Extraction)

1．具体应用方法

(1) 取出一物体中的干扰部分或特性。例如：

将一个反光器位置提高，以便反射在地面上安装的高强度灯光的光线，而不必将每个灯提高。

(2) 去除一个物体的"烦扰的"部分或全部。例如：

① 为防止病人过多地接触 X 光，一个特殊设计的铅屏使 X 光只射在必需的部位。

② 冰箱除味剂、干燥剂、医学透析治疗。

③ 子弹发射后，将无用的弹壳丢弃。

④ 将压缩机放在户外。

(3) 只抽取物体中必要的部分或特性。例如：

① 过去矿区救援要背负沉重的冷却箱，现在将冷却箱改成了分体式并可置于地面。

② 成分献血，只采集血液中的血小板。

③ 用"狗叫"作为报警器的声音，而不用养一条真正的狗。

2．典型案例

大仲马在小说《三个火枪手》中，描述了普托斯是如何在裁缝店定制新装的。普托斯不允许裁缝碰他的身体，裁缝无法量体，剧作家莫里哀来到裁缝店，莫里哀将普托斯带到镜子旁，让裁缝对着镜子里的普托斯测量。莫里哀使用抽取的原理将影像抽取出来，解决了问题。

4.2.3　局部质量(Location Quality)

1．具体应用方法

(1) 将物体或环境的均匀结构变成不均匀结构。例如：

为了减少矿井中的粉尘，用喷水装置向采掘机和运煤机喷出水雾。水雾越细，防尘效果越好，但是太细的水雾会阻碍工作。

解决方案：在细雾之外加一束较粗的水雾。

(2) 使组成物体的不同部分完成不同的功能。例如：

① 尘土过滤器是由孔状物构成的。外层过滤器的孔稍大，起初步过滤作用；内层过滤器的孔稍小，起进一步过滤作用。

② 带橡皮的铅笔。

③ 带起钉器的锤子。

(3) 使组成物体的每一部分都最大限度地发挥作用(材料、性能、功能)。例如：

① 为了降低超声波钻孔机的温度，其钻孔部分用导热材料做成，外围用耐磨材料做成。

② 快餐饭盒中设置不同的间隔区来分别存放热、冷食物和汤。

2．典型案例

一家工厂获得一个大订单，产品是一个圆柱形过滤器，圆柱直径 1 米、长度 2 米，轴向均匀分布直径为 0.5 毫米的过滤通孔。每个过滤器要加工成千上万个小孔。显然，钻这么多的小孔是很难实现的，也许可以用高温铁针扎这些孔，但是毫无把握。

利用 TRIZ 基于局部质量原理得到解决方案：将过滤器功能分解，其主要构成元素是过滤孔和基体，有用功能的元素是过滤孔，过滤孔是有用的局部质量。每个过滤孔不就是一根管子吗？拿一些细管，捆扎起来就形成了过滤器。这种过滤器的组装制造和拆卸都可以方便地完成。如果和发明原理 13 (反向) 联合使用，可以得到更理想的解决方案：用细圆棒做原料，然后捆扎起来，而圆棒之间的空隙形成了过滤孔，可以实现过滤器的功能。

4.2.4　不对称(Asymmetry)

1. 具体应用方法

(1) 将物体的形状由对称变为不对称。例如：

① 拉丝器有两个不对称的滚轴组成，一个凸面，一个凹面，以提高速度和质量。

② 非对称容器或对称容器中的非对称搅拌叶片可以提高混合效果(水泥搅拌等)。

(2) 如已对称，则增加原有的不对称程度。例如：

① 电力冶炼的电极非对称地置于炉中，以方便矿石的送入和金属溶液的流出。

② 将圆形的垫片改成椭圆形甚至特别的形状来提高密封程度。

2. 典型案例

有些家庭使用罐装液化石油气，但是不知道气罐里的气体什么时候耗尽。一家燃气公司的工程师试图解决这个问题。前提是方法简便可行，并能准确预报何时燃气将耗尽。

怎么进行呢？测试压力？测试重量？这样会增加成本，且容易引起安全问题。

在不增加成本和复杂性的基础上，要获得信息似乎是一个不能解决的问题。

基于不对称原理的 TRIZ 解决方案：煤气罐的传统结构设计中，底面一般是完整的圆形。现在试着把底面由对称结构改成不对称结构。

新的设计：将煤气罐的底面做成部分斜面。这样，当有液化石油气充当气罐底部重物时，气罐保持直立，一旦液化石油气消耗完毕时，底部就失去压重物，煤气罐会在重力作用下歪倒一边，提醒用户液化石油气消耗完毕。

4.2.5　合并/组合(Combining)

1. 具体应用方法

(1) 在空间上将相似的物体连接在一起。例如：

① 两个电梯可以并起来升降过宽物体，就需要将两台电梯中间的部分去掉。

② 并行处理计算机中的多个处理器。

(2) 在时间上合并相似或相连物体。例如：

① 掘进器装上喷嘴，将热蒸汽喷向冻土以便采掘。

② 现代冷热水龙头。

③ 同时分析多种血液指标的医疗分析仪器。

2．典型案例

玻璃磨角：一家玻璃工厂接到一个订单，需要生产大量椭圆形的玻璃板。首先，工人将玻璃板切成长方形，然后将四角磨成弧形形成椭圆形。然而，在磨削工序中，出现了大量的破碎现象，因为薄玻璃受力很容易断裂，要想不发生破裂，只能把玻璃做厚一点，但这不符合客户要求。这是一个技术难题，玻璃既要求厚又要求薄，在磨削工序中要求厚，加工完成后要求薄。

基于合并/组合原理的 TRIZ 解决方案：将多层玻璃叠放在一起，事先在每层玻璃上撒一层水，以保证堆叠后的玻璃可以形成很强的粘贴力。一叠玻璃在磨削加工时可以承受更大的磨削力，从而改善了玻璃的加工性。磨削加工完成后，再分开每层玻璃，水分会自动挥发掉，最终获得所需产品。

4.2.6　通用/普遍性(Universality)

1．具体应用方法

由一个物体完成多项功能。例如：

① 汽车儿童座椅可以当小孩推车使用。

② 可以储物的椅子。

2．典型案例

在阿奇舒勒的科幻小说里：渥伦格尔船长经常使用一物二用来发明物品，比如船的压舱物，常规使用水或沙子。但渥伦格尔船长使用土作为压舱物，在土里种可以长高的棕榈树，棕榈树又可以作船的桅杆。

4.2.7　嵌套(Nesting)

1．具体应用方法

(1) 按照次序将一个物体放在另一个物体内。例如：

安装水泥管道时，在管道内部同时装有振动器。

(2) 让一个元件穿过另一个元件内。例如：

① 套娃。

② 伸缩天线。

③ 变焦镜头。

2．典型案例

宇航员乘坐一辆火星车开始火星之旅。这个特型火星车有巨大的轮胎，当行驶到陡坡时，很容易在石头的颠簸下翻车。怎么办？这个问题刊登在一本杂志上后，收到了大量的读者来信，提供了各种解决办法：在火星车的下面悬挂重物，降低整车的重心，增加稳定性；将轮胎的气放出一半，轮胎下陷，增加稳定性；在火星车的两边分别多安装一只轮胎；让宇航员探出身体来保持车子的平衡……

上面的各种建议，确实能改善火星车的稳定性，但明显都带来另一些问题。比如，降低了火星车的运动性能；降低了车速；让火星车变得更复杂；增加宇航员的危险性等。

为了解决这个问题，可以想办法将重物放得非常低，尽量接近火星的地面，以降低车子的重心，而且要使重心保持在火星车内部。

基于此，可以得到基于嵌套原理的 TRIZ 解决方案：在火星车的轮胎里放置球形重物，这些重物可以滚动，总处在轮胎的最下面，以最低的重心来保持火星车的稳定。

4.2.8　重量补偿/互消(Counterweight)

1. 具体应用方法

(1) 为了补偿一个物体的重量，和其他物体混合以便能提升该物体。例如，用气球使电缆临时跨越河流。

(2) 为了补偿物体的重量，让物体和环境相互作用(例如空气动力、水力、浮力或其他力)。例如，用海水为货船中的易挥发液体降温；飞机机翼的形状可以减小机翼上面的密度，增加机翼下面空气的密度，从而产生升力；水翼可使船只整体或部分浮出水面，减小阻力。

2. 典型案例

一架巨型运输机在起飞后出现了故障，紧急迫降在距离飞机场 200 千米外的空地上。经过检查，发现飞机机体上出现了许多裂缝和损伤，必须将飞机运送到工厂进行维修。

这架运输机非常重，如何运送成为难以解决的问题。"地上没有跑道，只能将飞机用吊车吊起来运走。"一位年轻的工程师说。"年轻人，"一位专家沮丧地说，"哪里有这么大的吊车？而且我们也没那么大的车子将飞机运走！"

基于重量补偿互消原理的 TRIZ 解决方案：将气袋固定在飞机翅膀下，然后充气，气袋所产生的浮力可以抬起飞机，最后将平板拖车开到飞机下面，拖走飞机。

4.2.9　预加反作用(Prior Counteraction)

1. 具体应用方法

(1) 如果一个操作必定产生有害作用，则应施加反操作以抵消(控制)有害作用的影响。例如，内有螺纹层的包装箱纸在制作时使其波纹层和表面层反向弯曲，当胶水干燥后，包装箱纸则达到平直状态。

(2) 在以后要产生拉力的部位，预先在物体上产生压力。例如，撑竿跳、发条玩具。

2. 典型案例

在靠近岸边约 5 千米的海上，一艘挖泥船正在为航道进行清理工作，挖出的混着海水的泥巴通过一条管道被抽送到岸上，为保证管道浮在水面，在管道上捆绑着一长溜的浮桶。

"天气预报说一场暴风雨即将来临！"船长说，"我们要立即停止工作，将管道拆开并带回岸上，暴风雨过后再带回来安装。大家行动要快，必须在暴风雨来临之前完成。"

"没有别的办法，"船员们说，"如果暴风雨将管道破坏，情况会更糟，赶快拆卸。"

不用拆卸管道的基于预加反作用原理的 TRIZ 解决方案：管道不必浮于水面，而是沉入海水中。

4.2.10　预操作(Preliminary Action)

1．具体应用方法

(1) 操作前预先使物体的局部或全部发生所需变化。例如，在空旷地带施行爆破操作时，用水帘减少尘土，这种水帘由预置在水沟中的水产成；不干胶纸。

(2) 将有用的物体预置，使其在必要时能立即在最方便的位置起作用。例如，打石膏时预置巨片，以便取石膏时既方便又不会伤及皮肤；充值卡。

2．典型案例

一家粮油公司购买的食用油，用油罐车来运装，每罐可装 3000 升。但老板发现每次卸出的油都短缺 30 升，经过核准流量仪，检查封条和所有可能漏油部位后，都没有找到短缺的原因，而且油罐车在运送途中没有停过车。

最后调查结果是司机偷油。司机事先在油罐内挂了一个桶，当油罐中注满食用油时，桶中就盛满了食用油。但是卸油后，桶中的油却被保存了下来，司机随后伺机取出这一桶油。

4.2.11　预先防范(Beforehand Cushioning)

1．具体应用方法

采用预先准备好的应急措施补偿物体相对较低的可靠性。例如，在路的急拐弯处放上旧轮胎以防止事故；降落伞；消防设施。

2．典型案例

北方的冬天，房子上的排水槽和排水管里会形成坚硬的冰柱，有的长达数米。当春天来到时，排水管受到太阳的照射，吸收的热量首先会融化冰柱的外表。当融化到一定程度时，冰柱会在重力的作用下从排水管中滑落，撞破排水管的弯头。有时，冰柱碎块会从排水管中飞出，扎伤经过的行人。

基于预先防范原理的 TRIZ 解决方案：在冬天来临之前，在排水管里穿进一根绳子，冰柱中的绳子可有效防止冰柱滑落，保证其渐渐地消融。

4.2.12　等势性(Equipotentiality)

1．具体应用方法

在潜在的领域里限制其位置改变，使工作过程中的对象不需要被升高或降低。例如，集装箱不是被直接吊装上卡车，而是用液压机稍微顶起即推入卡车内；电子线路设计中，避免电势差大的线路相邻。

2．典型案例

城市的中心广场有一座古塔，似乎在逐渐下沉。名胜古迹保护委员会前来测量研究这个古塔的下沉问题。测量的第一步是要选择一个高度不变的水平基准，并且在塔上可以看到这个基准以便进行比较测量。

很可能广场周围建筑也在一起下沉,所以需要寻找一个远离古塔而且高度不变的基准。最后他们选择了远离古塔 1500 英尺(约 457 米)以外的一个公园的墙壁,但古塔和公园的墙壁之间被高层建筑物遮挡住了,无法直接进行测量。

基于等势性原理的 TRIZ 解决方案:拿两根玻璃管,一根安装在塔上,另一根安装在公园的墙壁上,用胶管将其连接起来,然后灌入液体,就组成一个水平仪。两根玻璃管中的液体应保持同样的高度,我们在玻璃管上标出这个高度。如果古塔下沉,则塔上的玻璃管中的液体会升高。

4.2.13 反向(Inversion)

1. 具体应用方法

(1) 将一个问题中所规定的操作改为相反操作。例如,当铸造大型薄壁零件时,让装有铁水的容器静止,而让放置零件的工作台运动;为了松开粘连在一起的部件,不是加热外部件,而是冷却内部件。

(2) 使物体中的运动部分静止,静止部分运动。例如,一个游泳训练装置,让水流动而游泳者位置不变;跑步机。

(3) 将物体(或过程)颠倒。例如,将锅盖安装上电炉装置,以便能够从底部和顶部同时加热食物;通过翻转容器以倒出谷物。

2. 典型案例

这一天是一个漂亮女孩的生日,有一个客人带来了一大盒巧克力糖,这是一种酒瓶形的果汁巧克力糖,巧克力的中心是液态的果汁,大家都非常喜欢。有位客人一边吃着巧克力,一边好奇地问道:"我很纳闷这种果汁巧克力的果汁是怎么装进去的?"

"先做好巧克力,然后往里面灌上果汁,再封口。"另一位客人猜测道。

"果汁必须非常稠,要不然会影响巧克力成型,"第三位客人说,"但是果汁不容易灌进巧克力中。通过加热可以让果汁变稀些以便灌入,但却会熔化巧克力。"

基于反向原理的果汁巧克力糖制作原理:先将果汁降温,降到冰冻状态,再将一颗颗冰冻的果汁颗粒放入巧克力中,然后进行成型,随后冰冻的果汁会在常温下恢复成液体。果汁巧克力就完成了。

4.2.14 曲面化(Spheroidality-Curvature)

1. 具体应用方法

(1) 不运用直线或平面部件,而运用曲线或曲面代替。将平面变成球面,将立方体变为球形结构。例如,机场中的圆形跑道有无限的长度;在建筑中采用拱形或圆屋顶来增加强度;结构设计中,用圆角过滤避免应力集中。

(2) 运用滚筒、球或螺旋结构。例如,机动犁不用刀片而用滚筒式犁头,这样可使工作效率提高 1 倍;圆珠笔的球状笔尖使得书写流利,而且延长了圆珠笔的使用寿命。

(3) 利用离心力将线性运动变成旋转运动。例如,油井架装有直径 80~90 米的转轮,它可以不需拆卸地取出钻杆,并使速度提高 6 倍;用洗衣机甩干衣物,代替原来拧干的方法。

2．典型案例

以著名的德国数学家莫比乌斯命名的"莫比乌斯环"是曲面化原理的典型代表。

很多人利用这个奇妙的"莫比乌斯环"来获得发明。大约有 100 多项专利均是基于这个奇妙的环而发明的，如砂带机、录音机、皮带过滤器等。

4.2.15　动态化(Dynamics)

1．具体应用方法

(1) 允许将物体、外部环境或过程的性质改变到最优或最佳操作条件。例如，电焊条在焊接过程中可调整其直径，以控制焊缝的大小；汽车的可调节型方向盘。

(2) 将物体分离成相互间能相对运动的元件。例如，内孔窥视仪；跳舞时能旋转的裙子。

(3) 将一物体分成能够改变相对位置的不同部分。例如，潜水球由两个铰接的半球组成；折叠椅。

2．典型案例

玩具公司的总裁召集工程师们开会。

总裁问道："我们能不能在不倒翁的基础上发明一种新的玩具？"

大家说不倒翁很早就被发明出来了，还能挖掘出什么新意呢？

"这种玩具太简单了，"一位年轻的工程师叫道，"没什么可增加或减少的。"

总裁说："新专利 645661 号颁发给了发明家柴兹塞夫的一款新型不倒翁。"

工程师们围过来看这个新玩具，发现它与传统的不倒翁不同的是内部安装了滑槽，重物可以沿着滑槽滑动，不倒翁可以倒立和平躺。

"这是动态性原理。"总工程师评论道，"重物原来是固定的，现在可移动了。"

"让我们依据动态性原理，发明一个更动态的不倒翁吧！"总裁说。

基于动态化原理的 TRIZ 解决方案：将重物分成两部分，而且都可以滑动，这样，重心会不断移动和变化，不倒翁的晃动频率会不断地变化，显得更有趣。

4.2.16　未达到或过度作用(Partial or Excessive Actions)

1．具体应用方法

如果运用给定解法物体的全部功能很难实现，那么通过同样的方法"增加一点"或"减少一点"，也许能获得相对来说较为容易的解法。例如，为了减少预防冰雹时使用的化学试剂用量，只攻击将形成冰雹的那部分云层；大型船只在制船厂的制造，往往先不安装船体上部的结构，以避免船只从船厂驶往港口的过程中受制于途中的桥梁高度，而是待船只达到港口后再安装上部的结构；用针管抽取液体时不能吸入准确的计量，而是先多吸再把多余的液体排出，这样可以简化操作难度。

2．典型案例

现在要生产一种直径 1 米、长度 12 米的钢管。原材料为带状卷料，在钢管弯卷焊接设备上进行加工,此设备以连续 2 米/秒的速度输出焊接完成的钢管,所以,需要 6 秒完成一次切割。

现在的问题是,切割设备的功率选择和移动速度产生了矛盾。大功率的设备切割速度快但比较笨重、移动起来缓慢,小功率的设备比较轻巧,可快速移动但切割时间会比较长。

工程部被要求来解决这个问题,工程师们陷入了激烈的争论,最后折中方案似乎占据了上风,那就是降低钢管弯卷焊接设备的输出速度。如果将输出速度降低到 1 米/秒,那么生产率将降低一半,根本无法按时交货。

基于未达到或过度作用原理的 TRIZ 解决方案:事先将带状原材料钢板进行切割,但是不能完全切断,要保留部分连接以保证弯卷焊接过程中的足够连接强度。这样,在后续切割中,只切断那部分保留的部位就可以了。

最后,以一个振动来实现钢管的切割,生产效率因此得到了大幅提升。

4.2.17 维数变化(Moving to a New Dimension)

1. 具体应用方法

(1) 在二维或三维空间移动物体。例如,把溜冰场中的扫雪装置安装在扫雪车的下部(而不是前部);螺旋梯可以减少占用房间面积;把原木竖起来存放。

(2) 将物体一边平放使其倾斜或改变其方向。例如,自动装卸车。

(3) 用给定区域的反面。例如,在树下放置反射器来提高对太阳光的利用(增加光合作用);在暖房放置太阳能接收器。

2. 典型案例

对很多人来说,学骑自行车可能是件令人烦恼的事,经常会摔倒,尤其是儿童学骑自行车时可能会产生危险。

美国帕杜大学的工业设计师发明出了一种“变身三轮车”,当骑车者加速时,它的两个后轮会靠的越来越近,而当减速或停车时,两个后轮又会分开。骑车者根本不用担心车子会侧翻。

4.2.18 机械振动(Mechanical Vibration)

1. 具体应用方法

(1) 让一个物体振动。例如,运用涡流和低频震动减少烹调时间。

(2) 增加振动频率(甚至达到超音速)。

(3) 运用物体的共振频率。例如,机械零件在超声波振动的液体中得到清洗;振动送料器;用超声波共振来粉碎胆结石或肾结石。

(4) 运用压电振动器而不是机械振动器。例如,石英晶体振荡驱动高精度的钟表。

(5) 运用超声波和电磁振动。例如,在手术中采取超声波接骨法;在高频炉里混合合金,使混合均匀。

2. 典型案例

化工厂车间里,把一种强腐蚀性的液体装在一个巨大的容器中。生产时,让液体从容器流向反应器，但对进入反应器的液体量需要进行精确的控制。

"我们尝试使用了各种玻璃或金属制作的仪表，"车间主任对厂长说，"但它们很快就被液体腐蚀了。"

"如果不测量流量，只测量液体高度的变化怎么样？"厂长问。

"容器很大，高度变化很微小，"车间主任说，"我们无法得到准确的结果，而且容器接近天花板，操作上很不方便。"

这似乎是一个难以解决的问题。

基于机械振动原理的 TRIZ 解决方案：不是测量液体，而是测量空隙，利用振动的原理测量容器中液面以上的空气部分的共振频率，得到空气部分的变化量，从而准确推算出液面的细微变化量。

4.2.19　周期性作用(Periodic Action)

1．具体应用方法

(1) 运用周期运动或脉动而不是连续运动。例如，脉冲加压的灌溉机喷出的水对土壤损害较小；松开生锈的螺母时，用间歇性猛力比持续拧力有效。

(2) 如果已经是周期运动，则改变其运动频率。例如，用频率调制来传送信息。

(3) 在两个物脉动的运动之间增加脉动。例如，在挖煤机钻头充上水并加上脉冲压力，以便更好、更容易地挖煤；在心肺呼吸中，每 5 次胸腔压缩后进行呼吸。

2．典型案例

在一个空房间里，有一个布娃娃放在窗台上，两根细绳从天花板上垂直下来。你的任务是将两根绳子的下端绑在一起。

但是，如果你拿着一根绳子却够不到另一根绳子，因为旁边没有人，所以不会得到帮助。简单直接的想法是让绳子动起来，但是绳子又轻又软，根本就动不起来。

基于周期性作用原理的 TRIZ 解决方案：将布娃娃绑在绳子的下端，然后让绳子在布娃娃的重力作用下作周期性的摆动，问题就迎刃而解了。

4.2.20　有效作用的连续性(Continuity of Useful Action)

1．具体应用方法

(1) 连续工作，使物体的所有元件同时满负荷工作。例如，把焊接机的焊头做成滚轮状，以便持续作业；工厂里，使处于瓶颈地位的工序持续的运行，达到最好的生产节拍

(2) 消除所有空闲或间歇。例如，运油轮在卸掉油时装运糖；打印头在回程过程也进行打印。

(3) 用旋转运动代替往复运动。例如，转动的实验室桌。

2．典型案例

《先驱者真理》杂志上刊登了一个问题：在地底下可以随意穿行的车子应该是一个什么样子的？

杂志社收到了很多解答：用一辆拖拉机，前面装上铲子，把土挖开形成通道；带翅膀的车子，等等。

所有的设想基于挖掘原理，将土从车前移到车后，而车后的土，需要运输处理掉才可以形成通道。车子要达到地下行动自如的目标，看来不大可能实现。

基于有效作用的连续性原理 TRIZ 解决方案：穿山甲打洞的原理是用头将土一点点地拍到隧道壁上，这连续的有效动作不断地重复，最后"挤"出一条隧道来。

基于穿山甲有效动作连续性原理的"人造穿山甲"专利在苏联诞生，是一种前边带有尖锥形切土器的机器，它不仅将土切下来，而且挤拍到隧道壁上去。

4.2.21　减少有害作用的时间(Rushing Through)

1. 具体应用方法

以最快的动作完成有害的操作。例如，在卸掉驳船上装载的原木时，必须将船体倾斜至不安全的角度，减少危险的方法是将船倾斜至仍然安全的角度，然后猛地倾卸；牙医使用高速电钻，避免烫伤口腔组织；快速切割塑料，在材料内部热量传播之前完成，避免变形。

2. 典型案例

菲舍尔公司推出的"磁速"网球拍不但不会限制你的正手击球，反而能击中最有效的击球点，你将会体验到其中的不同。在正常击球时，球拍的结构在恢复前会稍微变形。然而，一旦拥有"磁速"网球拍，安装在拍头两侧的两个单极磁铁有助于加快球拍恢复的速度，这样，球就有了更大的力量可以弹回到球网的方向，磁铁在瞬间使球拍快速恢复原位。

4.2.22　变害为益(Convert Harm into Benefit)

1. 具体应用方法

(1) 运用有害因素，特别是对环境或外界有害的因素，以获得有益效果。例如，当液体通过管道时会在管道内壁留下沉积物；当酸性液体通过管道时会腐蚀管道内壁。让液体和酸性液体轮流从管道通过，就会同时解决两种问题。

(2) 通过加另一个有害行为以消除预先的有害行为来解决问题。例如，在炸毁旧房子之前，为降低振动危害，先在周围挖一道深沟，爆炸时，振动波到达深沟时，就会反射回来从而抵消冲击波。

(3) 提高有害运作的程度以达到无害状态。例如，阻火隔离带，森林灭火有时会在火将要通过的通道上先防火，烧掉一部分植物，形成隔离带，防止森林大火的蔓延。

2. 典型案例

将海潮用来发电；将火电厂的煤渣用来制作建筑材料；将秸秆、粪便等用来制作沼气。

4.2.23　反馈(Feedback)

1. 具体应用方法

(1) 引入反馈以改进操作或行为。例如，音乐喷泉，系统过程控制中，用测量值来决定什么时候对系统进行修正。

(2) 如果已经有反馈了，就改变反馈控制信号的大小或灵敏度。例如，汽化器中的燃料通过燃料箱中的浮筒自我调节高度；在机场 8 千米范围内，改变自动驾驶仪的灵敏度。

2．典型案例

任何一个消防队员或者攀岩者都可以告诉你，一条简单的绳子可以救你的命，条件是它不要磨损或突然断裂。如今科学家研制出了"聪明绳索"，这种智能绳索里有电子传导金属纤维，可以判断它所承受的重量，如果重量太大，它无法承受，则绳索就会向使用者发出警告。智能绳索还可以用于停泊船只、保护贵重物品或者用于营救行动。

"聪明的绳索"就是在普通绳索上增加了反馈，从而提高安全性。

4.2.24 借助中介物(Mediator)

1．具体应用方法

(1) 使用中介物传递某一物体或某一种中间过程。例如，为在一复杂形体的内壁涂防护层，可将防护物质混入加热气体泵入该物体内壁；机械传动中的惰轮；冲钉器。

(2) 将一容易移动的物体与另一物体暂时接合。例如，托盘。

2．典型案例

现在需要在一根长胶管上钻出很多径向小直径的标准孔，因为胶管很软，钻孔操作起来显得非常不容易。

有人建议用烧红的铁棍来烫出小孔。经过尝试，发现烫出的小孔很毛糙，而且很容易破损，不能满足质量要求。

基于借助中介物原理的 TRIZ 解决方案：先给胶管里面充满水，然后进行冷冻，待水冻成冰时再进行钻孔加工。加工完成后，冰会融化成水且很容易流出管道。

4.2.25 自服务(Self-service)

1．具体应用方法

(1) 通过附加功能物体产生自我服务的功能。例如，自充电机器人；饮水机。

(2) 利用废弃的材料、能量和物质。例如，传送带的擦刮器磨损很快。理想的擦刮器应永不磨损，建议增加擦刮器和传送带之间的间隙。松散物质上的粉粒会掉落在擦刮盘上，从而减少空隙而起到擦刮作用；把麦秸或玉米秆等直接填埋做下一季庄稼的肥料。

2．典型案例

在一个输送钢珠的管道中，拐弯部位在工作一两个小时后就会坏掉。根本的原因是钢珠在高速气体的驱动下，对弯曲部位的管壁进行连续撞击，很快就会撞出一个洞来。

管道损坏后必须停止输送并进行维修，这就影响了生产效率。

"看来还需要一条管道，"工程师说，"当需要维修时，启动另一条管道来输送钢珠。"

"两条管道会增加成本，"经理说，"而且更替管道时仍然会影响生产效率。"

这似乎是一个难以解决的问题。

基于自服务原理的 TRIZ 解决方案：在拐弯部位的管道外放置一个磁铁，当钢珠到达磁场范围内时会被磁铁吸附到管道内壁上，从而形成保护层。钢珠的冲击将作用在由钢珠形成的保护层上，并不断补充那些被冲掉的钢珠。这样，输送管道就被完全保护起来。

4.2.26 复制(Copying)

1. 具体应用方法

(1) 用简单和便宜的复制件，而不用不易获得的、昂贵的、易碎的或不易操作的物体。例如，虚拟飞行员训练系统。

(2) 用光学复印件代替物体或过程。例如，为测量正在运行的火车上的圆木，可以通过对所运圆木拍照，然后根据照片进行测量和计算；产生谱图来评估胎儿的健康状况，而不冒险采用直接测量的方法。

(3) 如果已有光学复印件，则改用红外线或紫外线复印件。例如，紫外线杀虫；红外热成像。

2. 典型案例

货运列车上装满了大圆木，检查员们都正满头大汗地测量每根圆木的直径，以准确计算出圆木的体积。

"看来得让火车推迟开出，"经理说，"今天我们无论如何都是测量不完的。"

"但是，火车必须在 5 分钟内开出，"站长说，"下一列火车正在等待着进站。"

如何解决这个问题？大家给出了很多建议，主要的有以下几个方法。

让更多的人来进行测量，三五百人总可以了吧！

通过测量其中一根圆木的直径，数出圆木总数，相乘后估算总的体积。

锯下每根圆木的一片，稍后进行测量。

以上所有的解决办法，都会带来另外的一些问题。

这个问题似乎难以解决。

基于复制原理的 TRIZ 解决方案：对火车上的圆木进行拍照，然后依据照片进行详细的分析测量。当然，照片中需要一个精确的参照比例尺。

4.2.27 低成本替代(Dispose)

1. 具体应用方法

用一些低成本物体、不耐用物体代替昂贵、耐用物体。例如，酒店一次性用品；模型警察；纸衣裙/服装。

2. 典型案例

将加温的钢板用来轧制钢管，轧制完成后，需要在冷却前给钢管内壁涂上一层均匀的润滑油。

这个涂油工作看起来似乎比较简单，但是实现起来却比较复杂。需要设计制造一台专用的可移动机器进入钢管内，完成涂油工作。由于是在管内壁作业，是非平面涂油，所以涂油的速度比较慢，导致整个轧制生产的速度下降，影响生产效率。

为解决这个问题，专家们开始了研究，但无法得到理想答案。这似乎是一个难以解决的问题。

基于低成本替代原理的 TRIZ 解决方案：制作一种上面涂好润滑油的纸带，直接贴到钢板上，纸会在高温下燃烧，剩下的只有润滑油了。纸带作为一次性用品，起到均匀分配润滑油的作用。

4.2.28　机械系统替代(Replacement of Mechanical Systems)

1. 具体应用方法

(1) 用视觉、听觉、嗅觉系统代替部分机械系统。例如，用味觉方法来检测齿轮上齿的破损状态；在天然气中加入气味难闻的混合物，警告用户发生了泄露，而不采用机械或电器类的传感器。

(2) 用电场、磁场等完成物体的相互作用。例如，为了混合两种粉末，用产生静电的方法使一种粉末产生正电荷，另一种粉末产生负电荷，用电场驱动它们，导致粉末颗粒成对地结合起来。

(3) 将固定场变为移动场，将静态场变为动态场。例如，早期通信中采用全方位的发射，现在使用有特定发射方式的天线。

(4) 将铁磁粒子用于场的作用之中。例如，铁磁催化剂呈现顺磁状态。

2. 典型案例

在瓷器的二次烧制工序之前，要进行检验，俗称"敲钟"，根据检验结果来确定第二次烧制的温度。"敲钟"的工序是这样进行的：检验员用一只特制的小锤轻轻敲击瓷器，然后根据声音判断烧制的程度。

由于这个工序对检验员的技能要求很高，而且这种人工判断的方式波动很大，公司决定使用机器人来代替检验员的工作。

于是，工程师们设计制造了有两只手的机器人，一只手拿瓷器，另一只手拿小锤。敲击的声音通过麦克风来接收，然后传送到声音分析仪中进行分析判断。

机器人安装到生产线上后，很快又被搬走，恢复到原来人工检验的状态。原因是：机器人在检验中，手臂移动得快会敲碎瓷器，缓慢移动将远远低于人工检验的速度。

基于机械系统替代原理的 TRIZ 解决方案：在陶瓷电阻生产的过程测试中，采用的是光测试，从电阻上反射的光强度取决于烧制的程度。所以，瓷器的检验也可以使用光测试来进行。

4.2.29　气动与液压结构(Pneumatics and Hydraulics)

1. 具体应用方法

物体的固体零部件可用气动与液压结构代替。例如，火车上的货物用气囊来保护；充满凝胶体的鞋底填充物。

2．典型案例

在电影拍摄现场，一场激烈的战斗正在进行，兵对兵、将对将捉对厮杀，刀枪飞舞、马嘶人叫，场面好不热闹。

可是，导演依然感觉不满意，虽然布景布置得很漂亮，演员们演得也非常好。

"这是一场两军对垒，"导演说，"将军的旗子是战斗的中心，可是我们感觉不到这个气氛。"

"为什么会这样？"助手说，"将军在旗子下战斗着！"

"噢，旗子，旗子挂在旗杆上，一动也不动，"导演说，"它就像一块布，旗子应该在风中飘舞！"

"怎么样才能做到呢？"助手说，"现场没有风啊！"

基于气动与液压结构原理的 TRIZ 解决方案：将旗杆做成中空的，并在旗杆上部靠近旗子的位置钻上小孔，在旗杆的底部装上一个小风扇，将风送到旗子部位，从小孔吹动旗子飘扬。

4.2.30 柔性壳体或薄膜(Flexible Shells and Thin Films)

1．具体应用方法

(1) 用柔性壳体或薄膜代替传统结构。例如，网球场的薄膜顶；儿童的充气城堡。

(2) 使用柔性壳体或薄膜将物体与环境隔离。例如，电灯泡加上很薄的橡胶层能耐高压；防护服；将贮水池上漂浮的一层双极材料(一面亲水，一面厌水)用来限制水的蒸发。

2．典型案例

在一个码头上，一艘轮船正在装货。突然，大雨不期而至，当吊车将货物送入舱口，舱门被打开时，雨水也淋进货舱。

"这是什么鬼天气！"船上的一个搬运工说，"我快成了落汤鸡了。"

"有什么办法呢？"另一位说，"货物要吊装下来，舱门不能关上，也不能盖顶棚来遮雨。"

这是一个难题。

基于柔性外壳和薄膜原理的 TRIZ 解决方案：做两扇充气门，当货物进入时，可以将气袋推向两边而顺利进入。没有货物时，两气袋对合形成门扇，可以遮雨。

4.2.31 多孔材料(Porous Materials)

1．具体应用方法

(1) 使物体多孔或通过插入、涂层等增加多孔元素。例如，液压系统中，泵出的油通过孔状盘来起阀门的作用；机翼使用泡沫金属。

(2) 如果物体已多孔，则用这些孔引入有用物质。例如，在液态金属中加入添加剂。可采用将浸透添加剂的砖头放入液态金属的方法(添加剂会自动与液态金属融合)；用多孔的金属网吸走接缝处多余的焊料。

2．典型案例

Cannondale 公司即将推出的自行车新款运动服 "Carbon LE" 是一种用新布料剪裁而成的，它具有防湿、除味、防紫外线等功能。它由什么制成的呢？从椰子中提取的碳。椰子的外壳被加热到 1600 摄氏度会生成活性炭(水和空气过滤器中使用的也是这种炭)，与纱线混合，织成 "Carbon LE" 布料。这些通过一个专利程序保持活性的碳颗粒，形成一种多孔渗水的表面，防止异味和有害射线侵入，并能使身体排出的汗液迅速蒸发。这种运动服经过清洁、晒干，纤维会焕然一新，骑车者穿着它会感觉更轻松。

4.2.32　改变颜色(Color Changes)

1．具体应用方法

(1) 改变物体或外部环境的颜色。例如，将冰山漆成红色，以便船只在远处容易发现；为防止混料，将相邻零件改为不同颜色；在冲洗照片的暗房中使用红色暗灯。

(2) 改变物体或其外界环境的透明度。例如，绷带用透明物质做成，以便观察伤口的变化情况。

(3) 采用有颜色的添加剂或发光剂。例如，在炼钢厂，彩色水帘保护工人免遭紫外线照射；研究水流实验中，给水加入颜料，如果已经加入了颜色添加剂，则借助发光迹线追踪物质。

2．典型案例

降落伞工程师为研究降落伞的降落过程，制作了一只小降落伞模型，然后放入有水流流动的透明玻璃管中，研究模型的降落轨迹和涡流的形成。

研究工作进行得不太顺利，因为透明水中的涡流很难用肉眼观察到。于是，工程师在模型上涂上可溶颜料，情况暂时得到了改善。但是，模型经过几次试验以后，颜料没有了，于是需要停下测试再次涂上颜料，结果模型被颜料搞得变了形，测试条件发生了变化，测试的结果误差也增大了。

"颜料应该从模型内壁出来。"一位工程师说，"但是模型伞的吊线太细了，很难让墨水通过。"

"世上还有在大米上作画的巧匠，我们也许需要那样的人来解决这个难题。"另一位工程师附和道。

"不可想象，完成这样的模型得花多长时间！"总工程师说道。

基于改变颜色原理的 TRIZ 解决方案：将降落伞做成一个电极，与玻璃管中的水形成电解作用，利用电解原理产生的气泡来观察模型的运动和涡流的形成。气泡来自于水，增加了可观察性。看似改变了水的颜色，实际并没有改变水的真正颜色。

4.2.33　同质性(Homogeneity)

1．具体应用方法

采用相同或相似的物质制造与某物体相互作用的物体。例如，在融化的钢水中，传递超声波的振动杆会脱落一些成分到钢水中，为防止污染钢水，振动杆选用和钢水一样的材料；用金刚石切割钻石。

2. 典型案例

现在一些产品包装员和分发员正在体验一种新的形式，利用一种自然光标签，就是用激光在水果和蔬菜表皮刻上识别信息(比如产地、种类等)，但不会擦伤或造成其他的伤害。用梨子进行味道实验，除了刻标签的地方看上去有点怪怪的外，吃起来并没有什么两样。这种新的标签方式可以让供货商给每一个水果标注更具体的信息，比如一个桃子什么时候成熟，什么时候可以食用。

这样，使用了同质性原理，就避免了使用额外的标签。

4.2.34 抛弃或再生(Discarding and Recovering)

1. 具体应用方法

(1) 当一物体完成功能无用时，抛弃或修改。例如，火箭的分离抛弃；美工刀。

(2) 物体中用过的零件应在工作过程中重新发挥作用。例如，将一次性筷子用来造纸。

2. 典型案例

一家石油化工厂，需要经常使用同一条管道长距离轮换输送不同种类的成品油。为避免不同液体混合到一起，需要在转换输送液体时，在两种液体间加一个分离器，将液体分隔开来。常用的分隔器是一个活塞状的橡胶球。

"这种分隔器经常不能保证效果，"经理说，"因为管道中液体处于高压状态，液体会渗透分隔器而产生混合。"

"而且，因为我们的管道每 200 千米就有一个泵站，分隔器不能通过泵站，需要将其取出来，再放到下一段管道。"经理介绍道，"我们需要一种分隔器，既能通过泵站又能避免不同液体产生混合。"

这似乎是一个无法解决的难题。

基于抛弃或再生原理的 TRIZ 解决方案：用氨水作分隔器，可以与油一样通过泵站。到达目的地后，氨水会变成气体挥发掉，对成品油没有产生危害，氨水完成自己的分割使命后被抛弃了。

4.2.35 物理化学参数变化(Transformation of Properties)

1. 具体应用方法

改变物体的物理/化学状态，浓度/密度、柔性、温度。例如，将夹心冰冻，再浸入融化的巧克力；用橡胶硫化来改变其柔韧性和耐久性；温度升高到居里点以上，将铁磁体改变成顺磁体。

2. 典型案例

铸造厂里，铸件表面需要清洁，常用的方法是利用吹砂机中高速运动的沙子将铸件表面的污层冲掉。

但是，这个工序带来的一个问题是，铸件的缝隙里会残留沙子而且不易清除干净，尤其是又大又重的产品，解决起来更是困难。

工程师们被要求来解决这个难题。

"也许可以先将缝隙盖上，"一位工程师说，"但会增加大量的工作量。"

"而且，铸件的清洁程度受到影响。"另一位工程师附和道。

这似乎是一个不易解决的难题。

基于物理化学参数变化原理的 TRIZ 解决方案：用冰粒来替代沙子。冰粒也被用在批量土豆、红薯的清洁工序中。

4.2.36　相态转变(Phase Transitions)

1．具体应用方法

在物质相位变换期间运用现象的改变。例如，体积改变、热量损失或吸收等。又例如，使水和磨砂的混合乳状物结冰来制作高效磨石。与其他大多数液体不同，水在冰冻后会膨胀，可以用于爆破。

2．典型案例

波兰作家史蒂芬·万菲各在 1964 年发表的幻想小说《疯子》中，描述了精神病人安里·格里乔的故事。

安里·格里乔想发明在 200℃高温下都不融化的固体水，最终获得了成功。他发明了一种白色粉末状的固体，在高温下可变成清澈的水。格里乔说："固体水的发现可以让人们在水资源缺乏的地区生活，固体水不需要器皿就可以方便地以各种方式被运送到任何地方去。"

1967 年，固体水果真被发明出来了。这种包含 90%的水和 10%的硅酸的固体水，确实呈现为白色粉末状。

相态转变的应用，可以让很多问题得到巧妙解决。

4.2.37　热膨胀(Thermal Expansion)

1．具体应用方法

(1) 利用材料的热膨胀或热收缩性质。例如，热气球；过盈配合装配中，冷却内部件使之收缩，加热外部件使之膨胀，装配完成后恢复到常温，内、外件就实现了紧配合装配。

(2) 如果已经运用了热膨胀，就使用不同的热膨胀系数的多种材料。例如，用两个金属条制作温度计；在轴承中由热膨胀产生的空隙，可以由两个具有不同热膨胀系数的金属做成锥形体来调整。

2．典型案例

化学家邀请了一位发明家来帮助解决一个难题。

"在我们的一个实验中，需要精确控制气流的流量，可现有的阀门均不能满足控制的要求。"化学家苦恼地说。

"当然了，"发明家说，"现有的阀门根本无法达到你那么苛刻的要求。"

"但是，试验中对气体的控制要求又不能降低。"

这是一个难以解决的问题。

基于热膨胀原理的 TRIZ 解决方案：采用晶体结构的材料来做阀门的阀门体，利用热膨胀原理来实现精确的流量控制。这就是现在已经普遍使用的超精确阀门。

4.2.38　强氧化(Strong Oxidants)

1. 具体应用方法

(1) 用富氧空气代替普通空气。例如，水下呼吸器存储浓缩富氧空气，保持长期呼吸。

(2) 用纯氧气取代富氧空气。例如，高压氧舱治疗伤口，杀死厌氧细胞，帮助伤口愈合。

(3) 暴露在空气或氧气下，以便离子辐射。例如，空气净化器通过电离空气捕获污染物。

(4) 利用氧离子。例如，空气通过有孔管道泵入卫生站，增强细菌对水的清洁作用。

(5) 用臭氧代替氧离子。例如，臭氧溶于水中去除船体上的有机污染物。

2. 典型案例

矿石熔炼后的矿渣，在 1000℃时倾倒进大吊桶，作为极好的原料通过铁道被送往工厂加工成建筑材料。但在运送过程中，吊桶中的矿渣会冷凝，在表面和铜壁附近会形成坚硬的壳，需要九牛二虎之力才可以破壳，倒出大半液态矿渣进行使用。而要倒出另外的少部分凝固的矿渣并不容易，需要很多人力来清除吊桶内的残留硬壳，因此浪费巨大的资源和人力。

最后，这个问题交给专家委员会来解决。

"应该设计绝热良好的吊桶。"一位专家说道。

"我们已经这样试过了，但没有成功。"生产线的一位成员反对说，"绝热层会占去很大的空间，吊桶将变得很宽大并超出铁路的宽度极限而不能接受。"

"给吊桶加一个盖子怎么样？"专家接着说，"为什么不能用绝缘体做一个盖子呢？主要的热量是从高温的液体矿渣表面损失的。"

"我们也尝试过这种办法，"生产线的成员叹息说，"这吊桶如此大，可以想象一下盖子有多大，盖子得启用吊车来盖上或取下。增加的工作量巨大啊！"

"我们需要寻求不同的方法来处理这个问题。"第二位专家说，"让我们重新构思整个过程以便不需要将矿渣运送那么远。"

"我不这样想，"另一位专家反对说，"我们应从不同的角度思考一下，以更快的速度输送矿渣。"

这似乎是一个难以解决的问题。

基于强氧化原理的 TRIZ 方案：给吊桶中的灼热矿渣泼上冷水，矿渣和冷水急速氧化反应后会形成一层矿渣泡沫，泡沫有很好的保温作用，将矿渣和空气隔绝，相当于在矿渣表面加上了一个厚厚的"盖子"。这个"盖子"又不会妨碍矿渣从吊桶倒出。这个方案是苏联发明家美克尔·夏洛波夫提出的，并马上被很多冶金厂采用。

4.2.39　惰性环境(Inert Atmosphere)

1．具体应用方法

(1) 用惰性环境代替普通环境。例如，用泡沫隔离氧气，起到灭火作用；氩气等惰性气体防氧化。

(2) 在真空中完成过程。例如，真空包装。

2．典型案例

将阻燃材料添加到泡沫状材料构成的墙体里，防止火灾。

4.2.40　复合材料(Composite Material)

1．具体应用方法

将物质的单一材料改为复合材料。例如，将具有高熔点的金属纤维加入焊接剂来增加其强度；复合环氧树脂、碳素纤维等复合材料更轻、强度更高、柔韧性更好。

2．典型案例

一杯咖啡(3 美元)的价格就可以拯救一条生命。生命吸管是一种获取饮用水的吸管装置，由瑞士维斯特格德·弗兰德森公司研制，它使用七种过滤器，包括网丝、活性炭和碘，能净化 185 加仑的水，足够一个人饮用。它能预防饮用水引发的疾病，如伤寒和痢疾，在发展中国家，这些疾病每年至少夺去 200 万人的生命。该装置也能为飓风、地震或其他灾难的受害者提供安全的饮用水。它还可以成为人们周末外出旅游随身携带的方便的"武器"。

生命吸管里所使用的过滤器，就是一种复合材料。

4.3　40 个发明创新原理的使用窍门

为了方便发明人有针对性的利用 40 条发明创新原理，德国 TRIZ 专家从 40 条发明创新原理中统计出以下几种情况：

(1) 走捷径立即可求解，10 条；

(2) 有利于设计场合，13 条；

(3) 有利于大幅降低成本的三大类发明原理，10 条。

4.3.1　使用频率最高的创新原理(10 项)

(1) 物理化学参数变化(原理 35)。

(2) 预操作(原理 10)。

(3) 分割(原理 1)。

(4) 机械系统替代(原理 28)。

(5) 抽取(原理 2)。

(6) 动态化(原理 15)。

(7) 周期性作用(原理 19)。

(8) 机械振动(原理 18)。

(9) 改变颜色(原理 32)。

(10) 反向(原理 13)。

4.3.2 应用于设计场合的创新原理(13 项)

(1) 分割(原理 1)。

(2) 抽取(原理 2)。

(3) 局部质量(原理 3)。

(4) 不对称(原理 4)。

(5) 复制(原理 26)。

(6) 合并/组合(原理 5)。

(7) 嵌套(原理 7)。

(8) 重量补偿/互消(原理 8)。

(9) 反向(原理 13)。

(10) 动态化(原理 15)。

(11) 维数变化(原理 17)。

(12) 借助中介物(原理 24)。

(13) 多孔材料(原理 31)。

4.3.3 可大幅降低产品成本的创新原理(10 项)

(1) 分割(原理 1)。

(2) 抽取(原理 2)。

(3) 局部质量(原理 3)。

(4) 合并/组合(原理 5)。

(5) 预操作(原理 10)。

(6) 未达到或过度作用(原理 16)。

(7) 有效作用的连续性(原理 20)。

(8) 自服务(原理 25)。

(9) 复制(原理 26)。

(10) 低成本替代(原理 27)。

习题与思考题

1. 结合日常生活和生产实践,针对每个创新原理,请举出两个实例。

2. 结合个人理解,解释每个创新原理的具体内容。

3. 哪些发明原理可以应用到个人专业实践中,请举出两个实例。

第 5 章　TRIZ 矛盾解决方法

TRIZ 在解决问题的方法和流程上，与人类解决问题(矛盾)的传统方法完全一样，只是 TRIZ 比解决问题(矛盾)的传统方法更加快捷、全面、准确和高效。

5.1　技术矛盾解决方案

5.1.1　39 个通用工程参数

TRIZ 通过对百万件专利的详细研究，提出用 39 个通用工程参数来描述技术矛盾，如表 5.1 所示。在实际应用时，首先要把组成矛盾双方的性能用这 39 个通用工程参数来表示，这样就将实际工程技术中的矛盾转化为一般的标准的技术矛盾。

表 5.1　39 个通用工程参数

编号	参数名称	编号	参数名称	编号	参数名称
①	运动物体的重量	⑭	强度	㉗	可靠性
②	静止物体的重量	⑮	运动物体的作用时间	㉘	测量精度
③	运动物体的长度	⑯	静止物体的作用时间	㉙	制造精度
④	静止物体的长度	⑰	温度	㉚	作用于对象的有害因素
⑤	运动物体的面积	⑱	照度	㉛	对象产生的有害作用
⑥	静止物体的面积	⑲	运动物体的能量消耗	㉜	可制造性
⑦	运动物体的体积	⑳	静止物体的能量消耗	㉝	操作流程的方便性
⑧	静止物体的体积	㉑	功率	㉞	可维修性
⑨	速度	㉒	能量损失	㉟	适应性、通用性
⑩	力	㉓	物质损失	㊱	系统的复杂性
⑪	应力、压强	㉔	信息损失	㊲	控制和测量的复杂度
⑫	形状	㉕	时间损失	㊳	自动化程度
⑬	对象的稳定性	㉖	物质的量	㊴	生产率

利用 39 个通用工程参数可以描述技术系统的绝大多数技术问题，在问题的定义和分析过程中，选用适当的通用工程参数可以把问题用 TRIZ 语言进行描述。

39 个通用工程参数及解释如表 5.2 所示。

表 5.2　39 个通用工程参数及解释

编号	参数名称	解　释
①	运动物体的重量	运动物体的重量指重力场中的运动物体作用在阻止其自由下落的支撑物上的力。重量也常常表示物体的质量
②	静止物体的重量	静止物体的重量指重力场中的静止物体作用在阻止其自由下落的支撑物上或者放置该物体的表面上的力。重量也常常表示物体的质量
③	运动物体的长度	运动物体的长度指运动物体上的任意线性尺寸，而不一定是自身最长的长度。它不仅可以是一个系统的两个几何点或零件之间的距离，而且可以是一条曲线的长度或一个封闭环的周长
④	静止物体的长度	静止物体的长度指静止物体上的任意线性尺寸，而不一定是自身最长的长度。它不仅可以是一个系统的两个几何点或零件之间的距离，而且可以是一条曲线的长度或一个封闭环的周长
⑤	运动物体的面积	运动物体的面积指运动物体被线条封闭的一部分或者表面的几何度量，或者运动物体内部或者外部表面的几何度量。面积是以填充平面图形的正方形个数来度量的，如面积不仅可以是平面轮廓的面积，也可以是三维表面的面积，或一个三维物体所有平面、凸面或凹面的面积之和
⑥	静止物体的面积	静止物体的面积指静止物体被线条封闭的一部分或者表面的几何度量，或者静止物体内部或者外部表面的几何度量。面积是以填充平面图形的正方形个数来度量的，如面积不仅可以是平面轮廓的面积，也可以是三维表面的面积，或一个三维物体所有平面、凸面或凹面的面积之和
⑦	运动物体的体积	运动物体的体积以填充运动物体或者运动物体占用的单位立方体个数来度量。体积不仅可以是三维物体的体积，也可以是与表面结合、具有给定厚度的一个层的体积
⑧	静止物体的体积	静止物体的体积以填充静止物体或者静止物体占用的单位立方体个数来度量。体积不仅可以是三维物体的体积，也可以是与表面结合、具有给定厚度的一个层的体积
⑨	速度	速度指物体的速度或者效率，或者过程、作用与完成过程、作用的时间之比
⑩	力	力指系统间相互作用的度量。在经典力学中，力是质量与加速度之积。在 TRIZ 中，力是试图改变物体状态的任何作用
⑪	应力、压强	应力、压强指单位面积上的作用力，也包括张力。例如，房屋作用于地面上的力；液体作用于容器壁上的力；气体作用于气缸—活塞上的力。压强也可以表示无压强(真空)
⑫	形状	形状指一个物体的轮廓或外观。形状的变化可以表示物体的方向性变化，或者表示物体在平面和空间两种情况下的形变

续表一

编号	参数名称	解　释
⑬	对象的稳定性	对象的稳定性指物体的组成和性质(包括物理状态)不随时间改变而变化的性质，它表示了物体的完整性或者组成元素之间的关系。磨损、化学分解及拆卸都代表稳定性的降低，而增加物体的熵，则是增加物体的稳定性
⑭	强度	强度指物体受外力作用时，抵制使其发生变化的能力；或者在外部影响下抵抗破坏(分裂)和不范性形变的性质
⑮	运动物体的作用时间	运动物体的作用时间指运动物体具备其性能或者完成作用的时间、服务时间以及耐久时间等。两次故障之间的平均时间，也是作用时间的一种度量
⑯	静止物体的作用时间	静止物体的作用时间指静止物体具备其性能或者完成作用的时间、服务时间以及耐久时间等。两次故障之间的平均时间，也是作用时间的一种度量
⑰	温度	表示物体所处的热状态，反映在宏观上系统热动力平衡的状态特征，也包括其他的热学参数，比如影响温度变化速率的热容量
⑱	照度	照度指照射到物体某一表面上的光通量与该表面面积的比值，也可以理解为物体的适当亮度、反光性和色彩等
⑲	运动物体的能量消耗	运动物体的能量消耗指运动物体完成指定功能所需的能量，其中也包括超系统提供的能量。经典力学中，能量指作用力与距离的乘积
⑳	静止物体的能量消耗	静止物体的能量消耗指静止物体完成指定功能所需的能量，其中也包括超系统提供的能量。经典力学中，能量指作用力与距离的乘积
㉑	功率	功率指物体在单位时间内完成的工作量或者消耗的能量
㉒	能量损失	能量损失指做无用功消耗的能量。为减少能量损失，有时需要应用不同的技术手段来提高能量利用率
㉓	物质损失	物质损失指物体在材料、物质、部件或者子系统上，部分或全部、永久或临时的损失
㉔	信息损失	信息损失指系统数据或者系统获取数据部分或全部、永久或临时的损失，经常也包括气味、材质等感性数据
㉕	时间损失	时间损失指一项活动持续时间、改善时间的损失，一般指减少活动内容时所浪费的时间
㉖	物质的量	物质的量指物体(或系统)的材料、物质、部件或者子系统的数量，它们一般能被全部或部分、永久或临时地改变
㉗	可靠性	可靠性指物体(或系统)在规定的方法和状态下，完成指定功能的能力。可靠性常常可以被理解为无故障操作概率或无故障运行时间
㉘	测量精度	测量精度指对系统特性的测量结果与实际值之间的偏差程度，减小测量中的误差可以提高测量精度

续表二

编号	参数名称	解　释
㉙	制造精度	制造精度指所制造的产品在性能特征上，与技术规范和标准所预定内容的一致性程度
㉚	作用于对象的有害因素	作用于对象的有害因素指环境或系统对物体的有害作用，它使物体的功能参数退化
㉛	对象产生的有害作用	对象产生的有害作用指使物体或系统的功能、效率或质量降低的有害作用，这些有害作用一般来自物体或者与其操作过程有关的系统
㉜	可制造性	可制造性指物体或系统在制造过程中的方便或者简易程度
㉝	操作流程的方便性	操作流程的方便性指在操作过程中，如果需要的人数越少，操作步骤越少，以及所需工具越少，同时又有较高的产出，则代表方便性越高
㉞	可维修性	可维修性是一种质量特性，包括方便、舒适、简单、维修时间短等
㉟	适应性、通用性	适应性、通用性指物体或系统积极响应外部变化的能力；或者在各种外部影响下，具备以多种方式发挥功能的可能性
㊱	系统的复杂性	系统的复杂性指系统元素及其相互关系的数目和多样性。如果用户也是系统的一部分，则将会增加系统的复杂性。人们掌握该系统的难易程度是其复杂性的一种度量
㊲	控制和测量的复杂度	控制或者测量一个复杂系统，需要高成本、较长时间和较多人力去完成。如果系统部件之间关系太复杂，则会使系统的控制和测量困难。为了降低测量误差而导致成本提高，也是一种测量复杂度增加的度量
㊳	自动化程度	自动化程度指物体或系统在无人操作的情况下，实现其功能的能力。自动化程度的最低级别，是完全的手工操作方式。中等级别，则需要人工编程，根据需要调整程序，来监控全部操作过程。而最高级别的自动化，则是由机器自动判断所需操作任务、自动编程和自动对操作进行监控
㊴	生产率	生产率指在单位时间内，系统执行的功能或者操作的数量；或者完成一个功能或操作所需时间，以及单位时间的输出；或者单位输出的成本等

为了应用方便，可将 39 个通用工程参数分为三类(编号见表 5.1)：

(1) 物理及几何参数：① 运动物体的重量；② 静止物体的重量；③ 运动物体的长度；④ 静止物体的长度；⑤ 运动物体的面积；⑥ 静止物体的面积；⑦ 运动物体的体积；⑧ 静止物体的体积；⑨ 速度；⑩ 力；⑪ 应力、压强；⑫ 形状；⑰ 温度；⑱ 照度；㉑ 功率。

(2) 技术负向参数：⑮ 运动物体的作用时间；⑯ 静止物体的作用时间；⑲ 运动物体的能量消耗；⑳ 静止物体的能量消耗；㉒ 能量损失；㉓ 物质损失；㉔ 信息损失；㉕ 时间损失；㉖ 物质的量；㉚ 作用于对象的有害因素；㉛ 对象产生的有害作用。

(3) 技术正向参数：⑬ 对象的稳定性；⑭ 强度；㉗ 可靠性；㉘ 测量精度；㉙ 制造精度；㉜ 可制造性；㉝ 操作流程的方便性；㉞ 可维修性；㉟ 适应性、通用性；㊱ 系统的复杂度；㊲ 控制和测量的复杂度；㊳ 自动化程度；㊴ 生产率。

5.1.2　解决技术矛盾的矛盾矩阵

矛盾矩阵是阿奇舒勒将 39 个通用工程参数与 40 条发明原理有机地联系起来，建立起对应的关系，整理成的 39×39 的矛盾矩阵表，是阿奇舒勒对 250 万件专利进行研究后所取得的成果。矩阵的构成非常紧密，而且自成体系。

使用者可以根据系统中产生矛盾的两个通用工程参数，从矩阵表中直接查找出化解矛盾的发明原理，并使用这些原理来解决问题。

该矩阵的行是按 39 个通用工程特性参数依次排列的，代表工程参数需要改善的一方；该矩阵的列也是按 39 个通用工程特性参数依次排列的，代表工程参数可能引起恶化的一方。

矩阵元素用 M_{i-j} 表示，其下标 i 表示该元素的行数，下标 j 表示该元素的列数。由于矛盾不可能由自身造成，行与列号相同($i=j$)的矩阵元素 M_{i-j} 为空集，用"+"表示；若 $i \neq j$ 时，矩阵元素 M_{i-j} 为空集，指这两个特征参数间不构成矛盾，或是存在矛盾但尚未找到适合的解，用"−"号表示；若 $i \neq j$ 时，矩阵元素 M_{i-j} 为非空集，其数值为解决所在的行与列通用工程特征参数所产生的技术矛盾的相关发明创新原理的编号，可在技术矛盾矩阵表中找到。

表 5.3 为局部矛盾矩阵例子。如果我们定义和分析技术系统之后得到工程问题对应的技术矛盾是改善了 11 号通用工程参数应力压强，恶化了 34 号通用工程参数可维修性，那么我们可以利用矛盾矩阵得到通用解决模型，对应第 11 行应力压强和第 34 列可维修性交叉点的发明创新原理编号为 2，得到通用解决模型为 2 号发明创新原理——抽取/分离。(40 条发明创新原理在第 4 章已详细介绍。)

表 5.3　矛盾矩阵表(局部)

改善的参数 ＼ 恶化的参数	32. 可制造性	33. 操作流程的方便性	34. 可维修性	35. 适应性，通用性	36. 系统的复杂性
1. 运动物体的重量	27,28,1,36	35,3,2,24	2,27,28,11	29,5,15,8	26,30,36,34
2. 静止物体的重量	28,1,9	6,13,1,32	2,27,28,11	19,15,29	1,10,26,39
3. 运动物体的长度	1,29,17	15,29,35,4	1,28,10	14,15,1,16	1,19,26,24
4. 静止物体的长度	15,17,27	2,25	3	1,35	1,26
5. 运动物体的面积	13,1,26,24	15,17,13,16	15,13,10,1	15,30	14,1,13
6. 静止物体的面积	40,16	16,4	16	15,16	1,18,36
7. 运动物体的体积	29,1,40	15,13,30,12	10	15,29	26,1
8. 静止物体的体积	35		1		1,31
9. 速度	35,13,8,1	32,28,13,12	34,2,28,27	15,10,26	10,28,4,34
10. 力	15,37,18,1	1,28,3,25	15,1,11	15,17,18,20	26,35,10,18
11. 应力压强	1,35,16	11	2	35	19,1,35
12. 形状	1,32,17,28	32,15,26	2,13,1	1,15,29	16,29,1,28
13. 稳定性	35,19	32,35,30	2,35,10,16	35,30,34,2	2,35,22,26

在矛盾矩阵表中，相同序号的行和列所对应的矩阵元素为+，属于物理矛盾。后续章节会详细说明物理矛盾的解决方案。

如果矛盾矩阵表的行和列所对应的矩阵元素为空，即为没有推荐的创新原理。

5.1.3 技术矛盾特点与解决流程

技术矛盾是同一技术系统两个通用工程参数之间的矛盾。两个参数对立统一，相互制约，相互依存。比如桌子强度增加，导致重量增加；桌子面积增加，导致体积增加等。技术矛盾通常是指因改善一个技术系统的工程参数而引起另外一个工程参数的恶化。

通常使用表 5.4 来描述技术矛盾。

表 5.4　技术矛盾描述

	技术矛盾 1	技术矛盾 2
如果	常规解决方案(A)	常规解决方案(−A)
那么	改善工程参数(B)	改善工程参数(−B)
但是	恶化工程参数(C)	恶化工程参数(−C)

在运用技术矛盾和阿奇舒勒矛盾矩阵解决具体项目问题时，一般的具体步骤如下：

(1) 描述要解决的工程问题。这里的工程问题是指经过功能分析、因果链分析、剪裁或者特性传递所得到的关键问题，而不是我们所遇到的初始问题。

(2) 将这个工程问题转化为技术矛盾。用"如果……那么……但是……"的形式阐述技术矛盾。如果一个改善的参数导致不止一个恶化的参数，则对每一对改善和恶化的参数进行多种技术矛盾的阐述。为了检验技术矛盾是否正确，通常将正反两个技术矛盾都写出来，进行对比。

(3) 选择两个技术矛盾中的一个矛盾，一般来说选择与项目目标一致的那个矛盾。

(4) 确定技术矛盾中欲改善和被恶化的参数。

(5) 将改善和恶化的参数一般化为阿奇舒勒通用工程参数。

(6) 在阿奇舒勒矛盾矩阵中定位改善和恶化通用工程参数交叉的单元，确定发明原理。

(7) 按照发明原理的序号和名称,对应查找 40 条发明原理与实例获得发明原理的详解。应用发明原理的提示确定最合适解决技术矛盾的具体解决方案。

(8) 将所推荐的发明原理逐个应用到具体的问题上，探讨每个原理在具体问题上如何应用和实现。

(9) 如果所查找到的发明原理都不适用于具体的问题，则需要重新定义工程参数和矛盾，并再次应用和查找矛盾矩阵表。

5.1.4 技术矛盾解决方案实例

实例 1：洗衣机改进设计。

(1) 问题是什么？

减少物质的浪费是否能达到原来的效果。

(2) 现在有什么解决办法？

传统洗衣机。

(3) 上述的方法有什么缺点？

改善一方：物质的浪费(省水、省时间、省洗涤剂)。

恶化一方：功率(洗衣效果)。

(4) 推荐原理见表 5.5。

表 5.5　洗衣机改进设计推荐原理

推荐原理	有用的具体提示	应用改进方案
28. 机械系统替代	(A) 用感官刺激的方法(光学、声学、热学及味觉系统)替代机械系统	用其他系统替代现有的机械系统
18. 机械振动	(B) 已振动的物体，提高其振动的频率至超声波	超声波振动水流把脏污从缝隙中弹出来
38. 强氧化	(C) 使用离子氧替代纯氧	将自来水电解，产生活性氧与次氧酸，以溶解衣服上的有机汗污
25. 自服务	(B) 利用废弃的材料及能源	能重复利用的洗衣水
13. 反向	(C) 把通常可移动部分变为固定的，把通常固定的部分变为可移动的	让原来转动的水流变为不动的
3. 局部质量	无效	无效

(5) 方案与分析。

方案：利用水电解与超声波振荡相结合的方式，取代原有电机拖动波轮或滚筒的系统。

分析：该方案可以避免衣物缠绕，也可降低甚至免用洗涤剂，且洗衣水可以重复利用，达到环保与节能的功效。从大电流的电机驱动到电解与振荡装置的发展，符合技术系统的进化趋势。

某公司已发明全球首台不用洗衣粉的滚筒洗衣机。

实例 2：排污水管(黑龙江省推广应用 TRIZ 案例)。

(1) 案例背景：随着国家环境保护力度的加大，传统的水泥管正在逐步退出市场，20世纪 90 年代后期，新型替代产品——各类环保排水管材开始在工程上应用。在排污管道领域，应用较多的是塑料管，如 PVC 双壁波纹管、PE 双壁波纹管、HDPE 缠绕结构壁管。近几年，采用欧洲瑞士与美国技术制作的镀锌螺旋钢管开始进入国内市场，广泛应用于通风、雨水管道系统中，由于受防腐性能限制，还没有大量进入污水管道工程。

分析以上两类管材的性能差别，主要是由于材质不同，所以两类管材在性能上具有的优势也不同。镀锌螺旋钢管优点是环刚度较大，耗材较少，不足是防腐性能一般，并且不耐磨损；塑料管优点是耐腐蚀、耐磨损，但环刚度提高受限，耗材较多。

(2) 以镀锌钢管为例。

镀锌螺旋钢管本身强度好，但不耐腐蚀，不耐磨损，可靠性不高，致使使用寿命降低。

改善一方：可靠性(改善耐腐蚀、耐磨损性能)。

恶化一方：运动物体重量。

推荐创新原理：3 号、8 号、10 号、40 号。

(3) 都要用复合材料，用什么材料复合呢？这里一目了然，就是用塑料与钢材复合，做成塑钢复合管。

具体的方法：在镀锌钢板的两面熔融粘贴塑料片，再以此复合板材为原料，在专用设备上加工成复合管。此项技术工艺在国内领先，产品填补了国内污水管的空白。这是黑龙江省推广 TRIZ 以来取得的一项成果。

实例 3：破冰船。

(1) 背景：冬天破冰船必须在 3 米多厚的冰封航道上破冰前进运送货物。现在要将航速从 2 千米/时提高到 6 千米/时，也就是提高船的生产率。要提高速度就要加大发动机的功率。

(2) 改善一方：速度。

恶化一方：功率。

(3) 推荐创新原理：

19. 周期性动作——用振动破冰代替一直持续破冰；

35. 物理化学参数改变——改变船与冰接触部分的状况；

38. 加速氧化——无用；

2. 抽取——抽取有害的部分或抽取有用的部分。

(4) 方案：选择的创新原理是"抽取"。把船与冰相接触的那一层算是有害部分抽掉，也就是把船与冰相接触的阻碍冰通过的那一层船体去掉，这样船就变成两个独立的部分，一部分在冰上，一部分在冰下。这样船就不需要破冰，让冰穿过船体。可是冰下面的船体与冰上面的船体没有联系，于是冰下面的船体就会沉入海底。所以，要想办法把下面的船体与上面的船体连起来。要连起来又不妨碍冰的穿过，就在船的两边用有破冰刀刃或有破冰装置的板连接起来，靠破冰刀刃或破冰装置只要破出很窄的冰，板之间是空档让冰穿过，这样消耗的功率就会大大降低。

实例 4：开启果壳。

(1) 分析：取杏仁时必须去壳，先用锤砸或用机械方式压碎。制造性能好但产品的形状不好。

(2) 查 39 个通用工程参数，得出 ㉜(可制造性)和 ⑫(形状)之间有技术矛盾。

(3) TRIZ 法求解：查 39 × 39 矛盾矩阵，如表 5.6 所示，得出可用的发明创新原理为 1(分割)、28(机械系统替代)、13(反向)和 27(用低成本替代)。

表 5.6　洗衣机改进设计推荐原理

	通用工程参数	1 运动物体重量	2 静止物体重量	3 运动物体长度	12 形状
1	运动物体重量	+		15，8，29，34	…
2	静止物体重量		+		…
3	运动物体长度	8，15，29，34		+	…
32	可制造性	…	…	…	1，28，13，27

(4) 类似的技术问题：开鸡蛋壳，开蚕豆壳，开核桃壳。

实例 5：升降定位式燃气灶。

(1) 分析问题，发现矛盾。

如图 5.1 所示，家用燃气灶具和锅是一个小型技术系统。在功能域层面，该系统具有燃气燃烧产生热量、热量传导到锅和抵御外界干扰三项功能；在物理域层面，该系统由被加热的锅、支锅的支架、燃烧火焰和燃烧器四部分组成。物理域的四大部分保证功能域的最优实现。

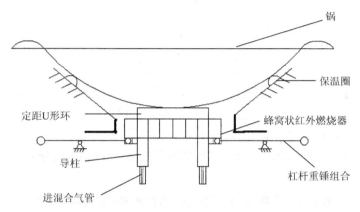

图 5.1　升降定位式燃气灶原理图

(2) 根据 TRIZ 法，表述矛盾。

第一对矛盾：现有结构锅底与燃烧器的距离随锅底的尺寸和形状不同而变，火焰不能以最优的方式把热量传给锅。查 TRIZ，得到通用工程参数㉜(可制造性)和㉒(能量损失)之间构成矛盾。

第二对矛盾：燃气灶的火焰长和外界气流影响火焰的稳定，造成系统对环境有害因素的高度敏感和火焰静尺寸变化的矛盾。它是通用工程参数㉚(作用于对象的有害因素)和④(静止物体)之间的矛盾。

第三对矛盾：燃气灶是开放的技术系统，环境里的空气会与系统内的热气进行交换，带走热量，从而构成㉟(适应性、通用性)和㉒(能量损失)之间的矛盾。

(3) 对照工具，得出解法。

第一对矛盾：查矛盾矩阵，如表 5.7 所示，得到解决矛盾的发明创新原理是 19(周期性作用)和 35 (物理化学参数变化)。

把两个发明创新原理结合在一起思考，可以得到锅底与燃烧器之间应该解决尺寸周期性变化时保持稳定距离的问题。

表 5.7　升降定位式燃气灶推荐原理(第一对矛盾)

通用工程参数		1 运动物体的重量	2 静止物体的重量	3 运动物体的长度	22 能量的损失
1	运动物体的重量	+		15，8，29，34	…
2	静止物体的重量		+		…
3	运动物体的长度	8，15，29，34		+	…
32	可制造性	…	…	…	19，35

第二对矛盾：查矛盾矩阵，如表 5.8 所示，对应解决矛盾的发明创新原理为 1(分割)和 18(机械振动)。

分割原理在这里理解为把火焰分为细小区域，机械振动在此不适合。

表 5.8 升降定位式燃气灶推荐原理(第二对矛盾)

	通用工程参数	1 运动物体的重量	2 静止物体的重量	3 运动物体的长度	4 静止物体的长度
1	运动物体的重量	+		15，8，29，34	…
2	静止物体的重量		+		…
3	运动物体的长度	8，15，29，34		+	…
30	作用于对象的有害因素	…	…	…	1，18

第三对矛盾：查矛盾矩阵，如表 5.9 所示，对应的解决矛盾的发明创新原理编号为 18、15、1，分别是机械振动、动态化和分割。

利用机械振动在此不适合，分割可以把燃气灶系统和外界环境分离开来，而且应该是动态可变的。

表 5.9 升降定位式燃气灶推荐原理(第三对矛盾)

	通用工程参数	1 运动物体的重量	2 静止物体的重量	3 运动物体的长度	22 能量的损失
1	运动物体的重量	+		15，8，29，34	…
2	静止物体的重量		+		…
3	运动物体的长度	8，15，29，34		+	…
35	适应性、通用性	…	…	…	1，15，18

(4) 针对问题，构思设计。

解决第一对矛盾，应采用发明创新原理 19 和 35 的组合，并用支架可移动或者火焰可移动的方法，保持锅底与火焰的距离基本不变。本例的发明专利采用了燃烧器可随锅底升降的方法。

解决第二对矛盾，应把火焰分割成细小区域，增加稳定性。用陶瓷红外燃料器代替普通燃烧器喷头，设置几十个小孔为燃烧孔，燃烧充分稳定。

解决第三对矛盾，在支架上设置金属保温圈罩，随锅底变化可取用不同大小的保温圈罩。本例考虑操作方便，只采用了一件保温圈罩。

(5) 效果分析。

通过以上分析可知，长期努力得到的家用燃气灶的改进与短期采用 TRIZ 法得到的结果一致。而且还可以看出，TRIZ 还提供了不同的改进方案，可以采用支架随锅底上下升降的方案；也可以采用将保温圈罩设计成动态变形的方式。TRIZ 提供了进一步改进的思路。

(6) 评价。

升降式燃气灶具的设计符合公理设计的第一公理，即独立公理，功能要求和设计要素实现了一一对应。

保证燃烧稳定，应用蜂窝状红外燃烧器。该燃烧器由陶瓷块拼接而成，每块上有若干通孔，将火焰分割成细小状态。

保证锅底到火焰器的距离，应用可升降式的燃烧器，用杠杆重锤组合动作，用定距 U 形环控制。

减少环境干扰，应用一定型面的保温圈，分割燃烧系统和环境，达到提高锅底吸热量的目的。

本设计是否达到公理设计的第二条公理，即最小信息公理，有待进一步探索，这意味着还有进一步提高的可能性。

本创新原理图只完成了普适性设计方法中的第二步，即方案设计。尚有整体设计和详细设计没有进行，对下面的设计工作，采用普适性设计方法会收到较好的效果。

实例 6：防弹衣。

(1) 问题背景：纤维织成的防弹衣用于保护执法人员和军事人员免于遭受手枪子弹的袭击。纤维织成的防弹衣由于有多层纤维结构层，具有层叠式结构，纤维在结构层内相互以适当的角度定向排列。为了使纤维织成的防弹衣具有足够的防护能力，必须使之具有足够的厚度，增加防弹衣的厚度会使其重量增加、灵活性降低。此外，穿上这种厚厚的防弹衣的人员也不能得到充分通风。换句话说，较厚的防弹衣穿着时不太方便。由此定义技术矛盾：增加运动物体的长度(防弹衣的厚度)会降低操作流程的方便性(防弹衣的舒适性)。

(2) 通过查询 39×39 矛盾矩阵，得知可能的解集是 $M_{3-33} = [15，29，35，4]$ 这四个发明创新原理。

(3) 应用第 4 号不对称原理，将物体的对称形式变为不对称形式，使防弹衣的纤维呈不对称定向排列。每层纤维相对于前一层作 $20° \sim 70°$ 的不同角度旋转，将纤维各层间制造成定向转动的排列形式。

(4) 沿子弹飞行方向排列的大部分纤维，可以确保防弹衣在受子弹冲击的方向具有更高的强度，进而可减小防弹衣的厚度和重量。通过减小防弹衣的厚度提高了其舒适性，同时不会降低防弹衣的保护效果。

实例 7：热水器管连接。

(1) 分析问题：家用电加热热水器中常用的管子与管接头，两者的头部分别被加工成螺纹，用生料作为螺纹连接的填充材料进行密封。生料温度随水温经常变化，导致生料老化失效。为了改善性能，可增加生料用量和加大管子与管接头的旋入程度，或者提高螺纹尺寸的精度，但会造成其他常见的失效形式，如管接头开裂等。

(2) TRIZ 法解决问题：提取通用工程参数，组建矛盾对，搜索解决矛盾的发明创新原理。

参照 TRIZ 提出的 39 个通用工程参数得知，可靠性(编号为 27)和系统的复杂性(编号为 36)两者之间构成矛盾，即采取现有措施，可靠性即密封性能提高的同时带来了系统复杂程度的提高。

对照 TRIZ 给出的矛盾矩阵表，在 27 行 36 列的格子中，找到解决矛盾的发明创新原理 $M_{27-36} = [13，35，1]$，即 13(反向)、35(物理化学参数变化)和 1(分割)。

(3) 发明创新原理的筛选和具体化。

原理 13 和原理 1 都很难使用到本问题中去。拟采用原理 35，参数变化是指几何、化学和物理参数的变化。

工程技术人员搜索自身头脑中的已有知识，认为几何参数的变化是指采用不同的螺纹，甚至于在管子与管接头端取消螺纹；化学和物理学上的参数变化可采用其他材料和塑料管件。

(4) 效果：本方法已由美国 Smith 公司在其生产的电加热热水器中采用，在中国维修时可见到。本方法还有个附加优点，即省去了传统方法必需的活接头，进一步降低了成本。

(5) 解决方案：如图 5.2 所示，用金属制成电加热套，通电加热到某温度，传感器工作切断电流。人工把塑料管子和弯头插入加热套两端 1 s～2 s，管件受热面塑料熔化成厚糊状，拔出管件，立即把管子与弯头相互插入对接成整体。

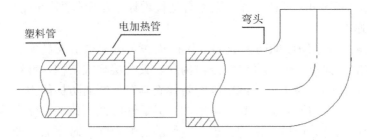

图 5.2　热水器管连接问题解决方案

实例 8：失重锤子。

(1) 应用背景：许多设备在太空失重状态下无法正常工作或根本无法工作。例如，我们在地面上使用锤子时，其重量会抵消打击后可能的反弹；而在太空中，由于没有重力，发生碰撞后，锤子会以非常危险的速度反弹向使用者的头部。现设计能够在太空中使用的锤子。

(2) 定义技术矛盾：这里要改善的参数是锤子产生的冲击力(力)，而恶化的参数是很可能伤人的锤子的反弹作用(物体产生的有害因素)。转化为由 39 个通用工程参数描述的标准技术矛盾，即为力与物体产生的有害因素之间的矛盾。

(3) 查矛盾矩阵后得到 $M_{10-31}=[13，3，36，24]$，即

13：反向原理。

a. 用相反的动作代替问题定义中所规定的动作。

b. 使物体或外部介质的活动部分成为不动的，而使不动的成为可动的。

c. 将物体上下或内外颠倒。

3：局部质量原理。

a. 从物体或外部介质(外部作用)的一致结构过渡到不一致结构。

b. 物体的不同部分应当具有不同的功能。

c. 物体的每一部分均应具备最适于它工作的条件。

36：相态转变过程原理。

利用物质相变时产生的某种效应，如体积改变时吸热或放热。

24：借助中介物原理。

a. 使用中介物实现所需动作。

b. 把一物体与另一容易去除的物体暂时结合。

(4) 解决方案：分析以上发明创新原理 24、3、36、13，可以改变锤子的局部结构，在锤子的局部引入一种和锤子(固态)相比具有不同物态的中介物，利用该中介物在锤子冲击时产生反向作用，抵消锤子的反弹。

综合应用各个发明创新原理的启示：设计一种中空的锤子。将一种高密度的流散状中介物置于锤子的空腔内，该中介物在锤子下落时位于锤子空腔的顶部，冲击的瞬间，中介物下落产生的惯性力将抵消锤子的反弹力。用水银注于空腔中可能是不错的解决方案，但考虑到水银具有毒性，不适合民用，用细铁砂作为中介物就是工程中的实用方案。

5.2　物理矛盾解决方案

物理矛盾是指为了实现某种功能，一个子系统或元件应具有某种特性，但该特性出现的同时会产生与此相反的不利或有害的后果。物理矛盾还指同一个参数具有相反的并合乎情理的需求。物理矛盾与技术矛盾不同，技术矛盾是指两个参数之间的矛盾，而物理矛盾则是单一参数的矛盾。

5.2.1　物理矛盾的表达形式

对一项工程问题进行物理矛盾定义时，其表达形式具有固定格式。通常将物理矛盾描述为：参数 A 需要 B，因为 C；但是参数 A 需要 −B，因为 D。其中，A 表示单一参数；B 表示正向需求；−B 表示负向需求；C 表示在正向需求 B 满足的情况下，可达到的效果；D 表示在负向需求 −B 满足的情况下，可达到的效果。

这里举手机屏幕的例子。可以将物理矛盾描述为：手机屏幕需要大，因为可以看得清楚；但是手机屏幕需要小，因为携带起来方便。

5.2.2　分离原理与物理矛盾解决方案

TRIZ 解决物理矛盾一般使用分离原理，解决问题模式如图 5.3 所示。

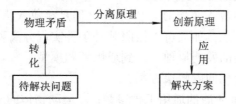

图 5.3　TRIZ 物理矛盾解决问题模式

分离原理是指造成物理矛盾的参数在不同的条件下有不同的需求，可以按照相应的条件进行分离，使技术系统在相应的条件下满足需求，达到解决物理矛盾的目的。分离原理有四种：空间分离、时间分离、条件分离和整体与局部分离。

1. 空间分离

空间分离原理是指将矛盾双方在不同的空间上分离，以降低解决问题的难度，进而找到解决问题的方法。比如测量海底时，将声呐探测器与船体空间分离，用以防止干扰，提高测试精度；又如在快车道上方建立人行天桥，车流和人流各行其道，实现空间的分离。

应用空间分离解决物理矛盾的步骤如下：

(1) 定义物理矛盾：参数 A 需要 B，因为 C；但是参数 A 需要 −B，因为 D。

(2) 确定参数的不同要求，如果可以在不同空间得以实现，选用空间分离。

(3) 选择对应空间分离的发明原理，得到通用解题模型。

(4) 应用于技术系统得到问题解决方案。

应用空间分离解决物理矛盾的通用工程参数：① 运动物体的重量；② 静止物体的重量；③ 运动物体的长度；④ 静止物体的长度；⑦ 运动物体的体积；⑰ 温度；㉖ 物质的量；㉚ 作用于对象的有害因素。

2．时间分离

时间分离原理是指将矛盾双方在不同的时间段上分离，以降低解决问题的难度；对同一个参数的不同要求，在不同的时间段实现。比如将飞机机翼设计成可调的活动机翼，以适应在飞行中各个时间段的不同要求。

应用时间分离解决物理矛盾的步骤如下：

(1) 定义物理矛盾：参数 A 需要 B，因为 C；但是参数 A 需要 −B，因为 D。

(2) 确定参数的不同要求，如果可以在不同时间得以实现，选用时间分离。

(3) 选择对应时间分离的发明原理，得到通用解题模型。

(4) 应用于技术系统得到问题解决方案。

应用时间分离解决物理矛盾的通用工程参数：⑨ 速度；⑩ 力；⑪ 应力、压强；⑮ 运动物体的作用时间；⑯ 静止物体的作用时间；⑱ 照度；⑲ 运动物体的能量消耗；⑳ 静止物体的能量消耗；㉑ 功率；㉙ 制造精度；㉞ 可维修性；㊲ 控制和测量的复杂度。

3．条件分离

条件分离是指将矛盾双方在不同的条件下分离，以降低解决问题的难度。比如将水射流条件分离，给予不同的射流速度和压力，即可获得"软"的或"硬"的不同用途的射流，用于洗澡按摩或用作加工手段甚至用于武器。

应用条件分离解决物理矛盾的步骤如下：

(1) 定义物理矛盾：参数 A 需要 B，因为 C；但是参数 A 需要 −B，因为 D。

(2) 确定参数的不同要求，如果可以按照某种条件实现分离和切换，选用条件分离；

(3) 选择对应条件分离的发明原理，得到通用解题模型。

(4) 应用于技术系统得到问题解决方案。

应用条件分离解决物理矛盾的通用工程参数：① 运动物体的重量；⑦ 运动物体的体积；㉕ 时间损失；㉗ 可靠性；⑤ 运动物体的面积；㉒ 能量损失；㉓ 物质损失；⑥ 静止物体的面积；⑧ 静止物体的体积；㉟ 适应性、通用性。

4．整体与局部分离

整体与局部分离原理是将矛盾双方在不同的系统级别分离开来，以获得问题的解决或降低问题的解决难度。当系统或关键子系统矛盾双方在子系统、系统、超系统级别内只出现一方时，可使用整体与局部分离原理解决问题。

应用整体与局部分离解决物理矛盾的步骤如下：

(1) 定义物理矛盾：参数 A 需要 B，因为 C；但是参数 A 需要 –B，因为 D。

(2) 确定参数的不同要求，如果可以按照不同的系统级别(如系统+子系统，或系统+超系统)实现分离，选用整体与局部分离。

(3) 选择对应整体与局部分离的发明原理，得到通用解题模型。

(4) 应用于技术系统得到问题解决方案。

应用整体与局部分离解决物理矛盾的通用工程参数(见表 5.1)：⑫ 形状；㉘ 测量精度；㉛ 对象产生的有害作用；㉜ 可制造性；㉟ 适应性、通用性。

5.2.3　物理矛盾解决方案实例

实例 1：红蓝铅笔。

(1) 第一步：定义物理矛盾。

参数：颜色。

要求 1：红。

要求 2：蓝。

(2) 第二步：什么空间需要满足什么要求？

空间 1：铅笔的一端。

空间 2：铅笔的另一端。

(3) 第三步：以上两个空间段是否交叉？

否，应用空间分离。

是，尝试其他分离方法。

实例 2：鱼雷引擎。

(1) 物理矛盾：鱼雷引擎必须足够大以充分驱动鱼雷，但又必须小，以适配鱼雷的体积。

(2) 解决方案：分离放置，通过缆线给鱼雷传递能量。

实例 3：炮弹。

(1) 物理矛盾：炮筒直径必须大于炮弹，以便炮弹容易滑出，但又必须小，以免漏气降低火药爆炸推力。

(2) 解决方案：空间分离，将炮筒做成两部分，后部爆炸室做成锥形，形成封闭空间。

实例 4：水管。

(1) 物理矛盾：水管要刚性好，以免因水的重量而变形，但水管要软，以避免在冬天被冻裂。

(2) 解决方案：弹塑性好的复合材料。

实例 5：泳池。

(1) 物理矛盾：训练池里的水要软，以减轻水对运动员的冲击伤害，但又要求水必须硬，以支撑运动员的身体，水的软硬取决于跳水者入水的速度。

(2) 解决方案：充满气泡的泳池。

实例 6：PCB。

(1) 物理矛盾：SMT(表面贴装焊接技术)生产线要求 PCB(印制电路板)连续供应，但 PCB 是线路板厂生产并批量送货的。这样连续生产与批量供货之间就产生矛盾。

(2) 解决方案：PCB 上扳机，接收批量的 PCB，然后连续输送到 SMT 生产线。

实例 7：建筑基础打尖桩。

(1) 物理矛盾：打桩的时候桩要尖，容易打入；打到位以后，不要尖，以提高承载能力。要尖又不要尖，形成一对物理矛盾。

(2) 解决方案：

采用时间分离：在桩内尖端位置装炸药，桩打好后引爆炸药，将桩尖炸掉。

采用条件分离：在桩的下端装一螺旋，不采用打入，改用旋入。螺旋部分提高承载能力。

采用整体和部分分离：把较粗的尖桩分成若干细的尖桩组装在一起，提高承载能力。

实例 8：摩擦焊接问题。

(1) 工程背景：对已有设备不做大的改变而实现铸铁管的摩擦焊接。

(2) 物理矛盾：管子要旋转以便焊接，管子又不应该旋转以避免使用大型设备。

(3) 问题模型：改变现有系统中的某个构成要素，在保证不旋转待焊接管子的前提下实现摩擦焊接。

(4) 解决方案：只旋转管子的接触部分。用一根短管子插在两根长管之间，旋转短管子，同时将管子压在一起直到焊好为止。

实例 9：汽车气囊问题。

(1) 工程背景：如何在汽车发生碰撞的情况下，最大限度地保护驾驶员和乘客的安全？安全气囊充气压力不足，对乘客不能起到有效的保护作用；安全气囊的充气压力过大，则又造成压力过大，对乘客造成伤害。

(2) 物理矛盾：安全气囊的充气既要快，又不能快。充气速度过快，会使气囊硬度大，伤害乘客；充气速度过慢，又会导致气囊不能有效地保护乘客。可用资源主要有：空气、压力、气囊本身、安全带等。

(3) 定义物理矛盾：

参数：压力。

要求 1：大。

要求 2：小(不能太大)。

(4) 什么时间需要满足什么要求？

时间 1：达到一定压力前。

时间 2：达到一定压力后。

以上两个时间段是否交叉？否，应用时间分离。

(5) 解决方案：

创新原理 16："未达到或过度作用"是指所期望的效果难以百分之百实现时，稍微超过或稍微小于期望效果，使问题简化。受该创新原理的启发，首先可以迅速使气囊膨胀到一定的压力值，保证在最短的时间内达到保护乘客的气压。在气囊上面开一些微小的孔，当气囊压力超过阈值后，气囊上的微小孔会张开，使气囊的压力不再升高，从而很好地解决了气囊的膨胀速度既要快，又不能快的矛盾。

习题与思考题

1. 定义 39 个通用工程参数有什么意义？
2. 什么是技术矛盾？其有什么特点？试从生活中举几个实例。
3. 简述技术矛盾的解题步骤。
4. 什么是物理矛盾？其有什么特点？试从生活中举几个实例。
5. 简述物理矛盾的解题步骤。

第6章 物质-场模型与标准解系统

TRIZ 在解决技术系统问题时，通过问题的定义和分析会得到不同的问题模型，前面介绍了技术矛盾和物理矛盾模型和它们对应的解决方案。

本章将介绍物质-场模型及对应的标准解系统解决方案。物质-场模型分析是 TRIZ 的一项工具，可分析并改进技术系统的功能。物质-场模型分析是 TRIZ 理论中的一种重要的问题描述和分析工具，用以建立与已存在的系统或新技术系统问题相联系的功能模型。在问题的解决过程中，可以根据物质-场模型所描述的问题，来查找相对应的一般解法和标准解法。

6.1 物质-场模型模式与工作流程

阿奇舒勒认为，每一个技术系统都可由许多功能不同的子系统所组成。因此，每一个系统都有它的子系统，而每个子系统都可以再进一步地细分，直到分子、原子、质子与电子等微观层次。无论大系统、子系统、还是微观层次，它们都具有功能，所有的功能都可分解为两种物质和一种场(即二元素组成)。

技术系统构成了物质 S1、物质 S2、场 F，三者缺一就会造成系统不完整的结构。

在物质-场模型的定义中，物质是指某种物体或过程，可以是整个系统，也可以是系统内的子系统或单个的物体，甚至可以是环境，取决于实际情况。

场是指完成某种功能所需的手法或手段，用于表示两个物体之间相互作用、控制所必需的能量，通常是一些能量形式。例如，磁场、电场、热场、化学场、机械场、声场等。当系统中某一物质所特定的机能没有实现时，系统就会产生问题。为了控制这一物质产生的问题，有必要引入另外的物质。

物质-场模型分析是 TRIZ 理论中的一种重要分析工具，用于建立与已存在的系统或新技术系统问题相联系的功能模型。

6.1.1 物质-场模型分析基本概念

TRIZ 理论认为技术系统的作用就是为了执行功能，产品是功能的体现。系统功能可以层层分解为子系统功能，直至分解为最底层子系统功能为止。

技术系统的基本组成包括两个物质和它们之间的作用力，这种作用力称为场。场是产生作用力的一种能量，建立了物质间的相互作用。所有的功能都可分解为三个基本元件(物质 S1、物质 S2、场 F)；一个存在功能必定由三个基本元件组成；将相互作用的三个基本元件有机组合形成一个功能。物质-场基本模型如图 6.1 所示。

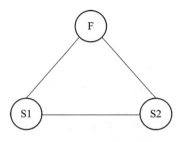

图 6.1　物质-场基本模型

1．物质

广义的物质可以包括任何东西。对于"物"应理解为，它是一种与任何结构、功能、形状、材质等复杂性无关的物体。

物场分析中的"物质"比我们一般理解的含义更广一些，它的内容不仅包括各种材料，还包括技术系统(或其组成部分)、外部环境甚至活的有机体。这样做的目的在于，物场分析为了简化解决问题的进程，需要人们抛开(暂时忘掉)物体所有多余的特性，只区分出那些引起冲突的特性。

2．场

物场分析中的场的概念同样有别于物理学中的场。物理场有重力场、电磁场、强相互作用场和弱相互作用场。在物场分析中使用了更细的分类法：力场、声场、热能场、电场、磁场、电磁场、光学场、电离辐射场、放射性辐射场、化学场、气味场等。

技术系统的作用就是实现某种功能，理想的功能是场通过物质 S2 作用于物质 S1 并改变物质 1。其中，物质(S1 和 S2)的定义取决于每个具体的应用。S1 是系统动作的接受者，S2 通过某种形式作用在 S1 上。

3．物质-场分析方法

使用物质和场来描述技术系统问题的方法叫做物质-场分析方法。在分析技术系统问题时建立的用物质和场描述的模型叫做物质-场模型。从系统功能角度出发，把特定问题的技术系统和技术过程模型化，再求解。

4．物质间相互作用的类型

物质间相互作用的类型分为有用的相互作用、不足的有用相互作用和有害的相互作用三类。表示方法如表 6.1 所示。

表 6.1　物质间相互作用的表示方法

相互作用的类型	有用的相互作用	不足的有用相互作用	有害的相互作用
表示方法	———————	- - - - - - - - - -	∼∼∼∼∼

我们只针对不足、有害的作用进行物场模型的建模、求解。

6.1.2 物质-场模型的分类和一般解决方法

1. 物质-场模型(物场模型)分类

四种基本的物场模型:

(1) 完整的物场模型: 实现功能的三个要素齐全, 且有效实现功能。

(2) 不完整的物场模型: 三个要素不完备, 可能缺场, 也可能是缺少物质, 需要完整化, 构建一个新的完整模型。

(3) 有害的、完整物场模型: 三个要素齐全, 但产生了有害的效应, 需要消除这些有害效应。

(4) 效应不足的物场模型: 三个要素齐全, 但功能未有效实现或实现得不足, 需要改善以达到所期望的效应。

2. 一般解决方法

对应有问题的物场模型有六种基本的解决方法:

(1) 添加新物质。

(2) 添加新场。

(3) 添加新物质和新场。

(4) 改变物质(替换, 改变状态, 温度……)。

(5) 改变场(替换, 改变频率, 强度……)。

(6) 改变物质和场。

3. 问题模型一般解决方法

(1) 不完整的物场模型: 对不完整模型, 应针对所缺少的元素给予引入物质或引入场, 使形成有效完整的物场模型, 从而得以实现功能。

(2) 有害的、完整物场模型:

① 增加另一物质 S3 来阻止有害效应的产生, S3 可以是现成物质, 或是 S1、S2 的变异、或是通过分解环境而获得的物质。

② 增加另一个场 F2 来平衡产生有害效应的场。

(3) 效应不足的物场模型:

① 用另一个场 F2 代替原来的场 F1。

② 增加另外一个场 F2 来强化有用的效应。

③ 增加物质 S3 并加上另一个场 F2 来强化有用效应。

6.2 物质-场模型解题模式

应用物质-场模型解决问题的基本思路是: 首先将实际问题技术系统建立物质-场模型, 再应用标准解系统找到标准解, 建立解决方案模型, 最后引入实际问题得到最终解决方案。物质-场模型解决问题模式如图 6.2 所示。

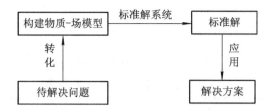

图 6.2 物质-场模型解决问题模式

(1) 明确问题发生的部位，即识别组件：场及物质(S1、S2)。

(2) 建立问题的物场模型，即对系统的完整性、有效性进行评价。

(3) 应用相应的标准解法，即从 76 个标准解中选择一个最恰当的解。

(4) 得到解决方案的物场模型，即充分利用挖掘其他知识工具实现问题转换。

6.3 标准解系统

标准解法是 G.S.Altshuller 在 TRIZ 研究后期的最重要的课题，是 TRIZ 高级理论的精华之一。

TRIZ 标准解法是针对标准问题提出的解法，一共分 5 个大级、18 个子级、76 个标准解。

在物场模型分析的应用过程中，由于所面临的问题复杂且包含广泛，物场模型的确立、使用有相当的困难，所以 TRIZ 理论为物场模型提供了成模式的解法，称为标准解法。

标准解法通常用来解决概念设计的开发问题。76 个标准解决方法可分为 5 级：

第一级(13 个标准解)为建立或拆解物场模型的解法，包括创建需要的效应或消除不希望出现的系列法则，每个法则的选择和应用将取决于具体的约束条件。

第二级(23 个标准解)为改善发展物场模型的解法，提升系统性能但不增加系统复杂性的方法。

第三级(6 个标准解)为转换到超系统或微观级别的解法，第二级和第三级的标准解法均基于以下技术系统进化路径：增加集成度再进行简化的法则；增加动态性和可控性进化法则；向微观级和增加场应用的进化法则；子系统协调性进化法则等。

第四级(17 个标准解)为适用于检测和测量的标准解的解法。

第五级(17 个标准解)为标准解应用的解法。一般情况下，应用一到四级标准解法会增加系统的复杂性，因为可能引入另外的物质和效应。第五级的标准解法可以引导使用者如何给系统加入新的物质又不会增加复杂性，专注于系统的简化。

标准解系统可以帮助使用者获得 20%以上困难问题的高水平解决方案。此外还可以用来进行技术系统进化的预测，以发现某些标准问题的部分解，并进行改进以获得新的解决方案。

使用者首先要需要对问题进行详细分析，建立物场模型，根据物场模型识别问题的类型，先选择级再选择子级，然后选择相应的标准方法解。

接下来介绍标准解系统的五级具体分布情况。

6.3.1 第一级标准解

第一级：建立或拆解物场模型。本级标准解分类如表 6.2 所示。

表 6.2 第一级标准解分类列表

所属级	所属子级	编号	名　称	序号
第一级	物场模型合成	1.1.1	构建完整的物场模型	1
		1.1.2	内部合成物场模型	2
		1.1.3	外部合成物场模型	3
		1.1.4	与环境一起的外部物场模型	4
		1.1.5	与环境和添加物一起的外部物场模型	5
		1.1.6	最小模式	6
		1.1.7	最大模式	7
		1.1.8	选择性最大模式	8
	物场模型拆解	1.2.1	在系统的两个物质间引入外部现成的物质	9
		1.2.2	引入系统中现有物质的变异物	10
		1.2.3	引入第 2 物质	11
		1.2.4	引入场	12
		1.2.5	切断磁影响	13

1. 物场模型合成

(1) 构建完整的物场模型(1.1.1)。

① 初始状态：现有的系统不完整，已有的对象无法实现需要的变化或功能。

② 约束条件：没有任何引入新物质或场的限制。

③ 解法：引入缺失的元素，构建完整的物场模型。

(2) 内部合成物场模型(1.1.2)。

① 初始状态：现有的系统不完整，已有的对象无法实现需要的变化或功能。

② 约束条件：对引入物质和场没有限制。

③ 解法：永久或临时向物质内部引入添加物。

(3) 外部合成物场模型(1.1.3)。

如果系统不能改变，实施内合成受阻，则在两个物质 S1 或 S2 的外部引入附加物 S3 来达到增强效应的目的。

(4) 与环境一起的外部物场模型(1.1.4)。

在基本物场模型已经形成的基础上，如果系统难以满足要求的变化，且限制将物质引入系统内部或外部，则可以将环境中的物质作为附加物引入，形成与环境一起的物场模型。

此时，系统不可改变，且已有效应和附加成分。

(5) 与环境和添加物一起的外部物场模型(1.1.5)。

在基本物场模型已经形成的基础上，如果系统难以满足要求的变化，且限制附加物引入系统内部或外部，对引入环境虽然没有限制，但原有环境或原环境中的物质不能满足需求时，则可通过改变或分解环境来获得所需的附加物引入系统，建立与环境和附加物一起的物场模型。

(6) 最小模式(1.1.6)。

如果希望获得最小作用，但现有条件很难精确控制微小量，就先应用最大模式(最大作用场或最大物质)作为过渡形式，随后再设法将过量消除，以使最终达到对物质的最小作用。其中过量的场用物质来去除；过量的物质用场(通过引入能生成场的物质)来去除。

(7) 最大模式(1.1.7)。

如果系统要求获得最大的作用，但这对系统物质 S1 会产生伤害时，引入保护性附加物 S2 让最大作用首先直接作用在与原物质相连接的附加物 S2 上，然后再到达需免受伤害的物质 S1 上。

(8) 选择性最大模式(1.1.8)。

当在系统中某些区域需要使用最大作用场，并在该系统的另外某些区域同时需要使用最小作用场时，可以根据使用的作用场区域究竟是最大还是最小分别引入附加物。

当最大作用情况下，将一种保护性物质引入到要求最小作用的所在区域。

当最小作用情况下，将一种可以产生局部场的物质引入到要求最大作用的所在区域。

2. 物场模型拆解

(1) 在系统的两个物质间引入外部现成的物质(1.2.1)。

若在物场模型中存在有用和有害的作用，且它们的两个物质之间可以不紧密相邻的，则可将外部现成的附加物引入在系统的两个物质之间，以避免两个物质之间的直接接触来消除它们之间的有害作用。该附加物可以是临时的，也可以是永久的。

(2) 引入系统中现有物质的变异物(1.2.2)。

若在物场模型中存在有用和有害的作用，且在它们的两个物质之间不要求紧密相邻，但限制从外部引入新物质时，则引入通过修正系统形成的系统物质变异物来消除两个物质间的有害作用。

(3) 引入第 2 物质(1.2.3)。

为了消除一个场对物质的有害作用，可引入第 2 种物质来排除有害作用。

(4) 引入场(1.2.4)。

若在系统中同时存在有用和有害的作用，且两个物质之间要求必须直接紧密相邻，则可引入第 2 个场 F2。通过建立双物场模型，其中场 F1 用来实现有用作用，场 F2 用来中和有害作用或将有害作用转化为另一个有用功能。

6.3.2　第二级标准解

第二级：改善发展物场模型的解法。本级标准解分类如表 6.3 所示。

表 6.3　第二级标准解分类列表

所属级	所属子级	编号	名称	序号
第二级	向复杂物场模型转换	2.1.1	引入物质向链式物场模型转换	1
		2.1.2	引入场向双物场模型转换	2
	增强物场模型	2.2.1	利用更易控制的场替代	3
		2.2.2	加大对工具物质的分割程度向微观控制转换	4
		2.2.3	利用毛细管和多孔结构的物质	5
		2.2.4	提高物质的动态性	6
		2.2.5	构造场	7
		2.2.6	构造物质	8
	利用频率协调增强物场模型	2.3.1	匹配组成物场模型中的场与物质元素的频率(或故意不匹配)	9
		2.3.2	匹配组成复合物场模型中的场与场元素的频率(或故意不匹配)	10
		2.3.3	利用周期性作用	11
	引入磁性附加物增强物场模型	2.4.1	引入固体铁磁物质，建立原铁磁场模型	12
		2.4.2	引入铁磁颗粒，建立铁磁场模型	13
		2.4.3	引入磁性液体	14
		2.4.4	在铁磁场模型中应用毛细管(或多孔)结构物质	15
		2.4.5	建立合成的铁磁场模型	16
		2.4.6	建立与环境一起的铁磁场模型	17
		2.4.7	利用自然现象和效应	18
		2.4.8	提高铁磁场模型的动态性	19
		2.4.9	构造场	20
		2.4.10	在铁磁场模型中匹配节奏	21
		2.4.11	引入电流，建立电磁场模型	22
		2.4.12	利用电流变流体	23

1．向复杂物场模型转换

(1) 引入物质向链式物场模型转换(2.1.1)。

① 初始状态：物场模型可控性不足。

② 约束条件：对引入物质和场没有限制。

③ 解法：将物场中的一个单元/元素转换成一个独立控制的物场模型，形成链式物场模型。

将物场模型中的一个物质元素转换为一个独立控制的完整物场模型，向链式物场模型转换。

(2) 引入场向双物场模型转换(2.1.2)。

① 初始状态：物场模型可控性不足。

② 约束条件：不能取代或替换已有的单元/元素。

③ 解法：将物场中加入第 2 个容易控制的场，形成双物场模型，提高系统的可控性。

如果需要强化一个难以控制的物场模型，而且禁止替换元素，则可以通过引入第 2 个易控制的场来建立一个双物场模型。

2. 增强物场模型

(1) 利用更易控制的场替代(2.2.1)。

① 初始状态：物场模型可控性不足。

② 约束条件：对引入物质和场没有限制。

③ 解法：使用容易控制的场来代替原来难控制的场，提高可控性。

如果物场系统的效率不足，其工作场无法控制或者难以控制，那么就要用可充分控制的场替代不可控制或难以控制的场来获得增强功能效应。选择易控制场的进化路径：机械场→声场→热场→化学场→电场→磁场/电磁场。

(2) 加大对工具物质的分割程度向微观控制转换(2.2.2)。

通过加大对工具物质 S2 的分割程度来达到微观控制，以此获得增强系统功能效应。

物质结构加大分割的进化路径：固体 → (厚板－薄板－薄膜－薄片－纳米薄片) → (大直径棒－小直径棒－纤维丝状物) → (颗粒－球状物－丸状物－粉末－纳米粒子－凝胶－液体－活性液体－原子级和亚原子级粒子)。

(3) 利用毛细管和多孔结构的物质(2.2.3)。

改变物质结构，使之成为具有毛细管或多孔的物质，并让气体或液体通过这些毛细管或多孔的物质，以此获得系统功能效应的加强。

从固体物转化到毛细管和多孔物质的路径：固体→一个洞固体→多个洞固体→毛细管和多孔物质。

实例：胶水瓶头一旦改用多孔的毛细管束(海绵)瓶头后，可以明显地提高胶水塗布的质量和效率。

(4) 提高物质的动态性(2.2.4)。

对于效率低下的系统，其物质是具有刚性的、永久和非弹性的，可通过提高动态化的程度(向更加灵活和更加快速可变的系统结构进化)来改善其效率。

动态性进化路径如图 6.3 所示。

| 刚体 | 单铰链 | 多铰链 | 柔性体 | 液体/气体 | 场 |

图 6.3　动态性进化路径

(5) 结构场(2.2.4)。

利用异质的或可调的有组织结构的场代替同质的或非组织结构的场来增强物场模型。

3．利用频率协调增强物场模型

(1) 匹配组成物场模型中的场与物质元素的频率(或故意不匹配)(2.3.1)。

利用原基本物场模型中的场与物质固有频率的协调来达到增强物场模型。倘若固有频率协调产生了有害作用时，则可以设置一个对应于有害振动源相反方向的振动源物质，用以消除产生有害的相互作用。

(2) 匹配组成复合物场模型中的场与场元素的频率(或故意不匹配)(2.3.2)。

在使用了两个场的复合物场模型中，利用协调场与场的固有频率来完成所需的功能或要求的特性来达到增强系统的功能效率或可控性。或可以用相同振幅，相位差为 180 度的信号消除振动和噪音。

4．引入磁性附加物增强物场模型

(1) 引入固体铁磁物质，建立原铁磁场模型(2.4.1)。

原铁磁场模型为物-场模型和铁磁场模型的中间步骤，在物场模型中引入固体铁磁物质(磁铁)，构建原铁磁场模型来增强两个物质间的有效作用和可控性。注意，这里的 S1 必须是铁磁性物质，否则磁铁将不会产生作用。

(2) 引入铁磁颗粒，建立铁磁场模型(2.4.2)。

应用铁磁颗粒，构建铁磁场模型来替代物场模型，以获得用一易控场(或增加一易控场)来代替可控性差的场，从而达到提高系统的可控性，即结合 2.2.1(向更可控的场变化)和 2.4.1(使用磁场和铁磁物质)，利用铁磁材料与磁场增加场的可控性。

铁磁性碎片、颗粒、细颗粒等统称为铁磁颗粒，铁磁颗粒越细小，其可控性就越大。

(3) 引入磁性液体(2.4.3)。

磁性液体简称磁流体，指胶状铁磁粒子悬浮在煤油、硅树脂或者水中。使用磁流体构建强化的铁磁场模型是 2.4.2 标准解法进化的高级状态。

物质包含铁磁材料的进化路径是：固体物质→颗粒→粉末→液体。系统的控制效率将随着铁磁材料的进化路径而增加。

磁性门的关紧是由门和一个充满已知居里点的磁性液体材料的密封圈共同作用而形成的。当温度低于居里点时，门保持密封。当升高温度到居里温度以上时，门就被打开。

(4) 建立合成的铁磁场模型(2.4.5)。

当非磁性物质内部禁止引入铁磁颗粒时，可以利用非磁性物质的空腔或外部(如涂层)引入具有临时性的或永久性的磁性附加物，构建内部的或外部合成的铁磁场模型，以此获得提高系统的功能性和可控性。

实例：用电磁铁可传送零件，对于无磁性的零件，可事先将零件表面覆盖上易流动的、磁性的物质。

(5) 利用自然现象和效应(2.4.7)。

利用某些自然现象和效应来获得加强铁-磁场模型的效应及其可控性。

实例：磁共振影像是利用调频振动磁场探测特定细胞核的振动所产生影像的颜色来鉴别某些细胞集中的程度。

6.3.3　第三级标准解

第三级：转换到超系统或微观级别的解法。本级标准解分类如表 6.4 所示。

表 6.4　第三级标准解分类列表

所属级	所属子级	编号	名　　称	序号
第三级	向双系统或多系统转换	3.1.1	系统转换 1a：利用组合，创建双、多级系统	1
		3.1.2	改进双或多级系统间的连接	2
		3.1.3	系统转换 1b：加大系统元素间的特性差异	3
		3.1.4	简化双或多级系统	4
		3.1.5	系统转换 1c：使系统的部分与整体具有相反特性	5
	向微观级系统转换	3.2.1	向微观级系统转换	6

当第一、二、四级标准解不是非常充分的时候，可以采用第三级，把问题向超系统转换，或者寻找微观水平的改变，就会创造出新的机会。

1. 向双系统或多系统转换

(1) 系统转换 1a：利用组合，创建双、多级系统(3.1.1)。

① 初始状态：物场模型可控性不足。

② 约束条件：对引入物质和场没有限制。

③ 解法：将物场中的一个单元/元素转换成一个独立控制的物场模型，形成链式物场模型。

(2) 改进双、多系统间的连接(3.1.2)。

在双、多系统间采用合适的连接来获得增强系统的可控性。

双、多系统有刚性连接和柔性连接两种。

刚性连接实例：当众多人在移动和安装沉重的东西时，为了使他们能够做到同步，将多位安装工的手设法用刚性装置连接起来。

柔性连接实例：双船体具有两个刚性连接的船体，若改用柔性连接，就能允许调整两个船体间的距离，提高了系统的灵活性。

柔性连接，增加动态性是系统进化的趋势。

(3) 系统进化 1b：加大系统元素间的差异性(3.1.3)。

通过加大构成双、多系统元素间的差异来提高系统功能及特性。

系统进化趋势：相同元素→变动特性→不同元素→反向特性组合或"元素和反元素"。

实例 1：一组一色铅笔→一组双色铅笔→一组多色铅笔→带橡皮的铅笔。

实例 2：复印机→彩色复印机→带扫描、装订的多功能复印机。

(4) 系统转换 1c：使系统的部分与整体具有相反特性(3.1.5)。

分解系统整体与部分间的矛盾特性，使系统在两个水平上获得应用：整体系统具有特性 A 的同时，各部分系统则具有相反的特性-A，以此来增强双、多系统的功能性。

实例 1：自行车链条具有柔性，但组成链的零件则是刚性的。

实例 2：能伸缩的鱼竿。

为了方便携带，鱼竿在不用时，必须很短；但在使用时必须很长(即单根要短，整体要长)。能伸缩的套叠式的鱼竿就可以满足不同时期的要求。

2．向微观级系统转换

将系统中的物质用能在原子、分子、粒子等各种场的作用下实现功能的物质来替代，以实现系统从宏观向微观系统的进化。

实例：在玻璃生产线中，传递玻璃板的滚轮，改用被熔化的锡液所替代，确保传递中的玻璃板的平整度。

6.3.4 第四级标准解

第四级：检测和测量的标准解解法。本级标准解分类如表 6.5 所示。

表 6.5 第四级标准解分类列表

所属级	所属子级	编号	名 称	序号
第四级	利用间接的方法	4.1.1	以系统的变化来替代检测或测量	1
		4.1.2	利用被测对象的复制品	2
		4.1.3	利用两次检测来替代	3
	构建基本完整的和复合的测量物场模型	4.2.1	构建基本完整的测量物场模型	4
		4.2.2	向综合物场模型跃迁	5
		4.2.3	与环境一起测量的物场模型	6
		4.2.4	构建与环境附加物一起的测量物场模型	7
	增强测量物场模型	4.3.1	利用物理效应或自然现象	8
		4.3.2	利用系统整体或部分的共振频率	9
		4.3.3	连接已知特性的附加物后，利用其共振频率	10
	向铁磁场测量模型转换	4.4.1	构建原铁磁场测量模型	11
		4.4.2	构建铁磁场测量模型	12
		4.4.3	构建复合铁磁场测量模型	13
		4.4.4	构建与环境一起的铁磁场测量模型	14
		4.4.5	利用与磁场有关的物理效应或自然现象	15
	测量系统的进化方向	4.5.1	向双、多级测量系统转换	16
		4.5.2	向测量一级或二级派生物转换	17

第四级标准解是一类完全独立的解法，专门解决探测和测量问题。

这类解法中的物场模型和通常的不一样，一般会有两种场和一种物质。

在第四类标准解中，"场"的概念被进行了第二次泛化，可以指所有需要测量或检测的物理量(长度场、体积场……)。

1. 利用间接的方法

(1) 以系统的变化来替代检测或测量(4.1.1)。

修改系统替代检测或测量，从而不再需要测量。

采用热耦合或双金属片制造的开关可以实现热系统的自调节。

(2) 利用被测对象的复制品(4.1.2)。

采用测量被测对象的复制品、图片或图像来替代对被测对象本身的直接测量。对难于测量的物体如软物体或具有不规则表面的物体，通常较多使用这种测量方法。

实例：军事人员和装备的数量以及水禽的数量(鹅或鸭子)通过放大图像或者卫星照片估计计算；影像测量仪等。

(3) 利用两次检测来替代(4.1.3)。

如果遇到无法用 4.1.1 和 4.1.2 标准解法进行间接测量时，则采用将其分解为两次连续变化检测方法来完成对某物质的检测。

实例：进行加工过程中使用的量规。

为测量轴径，通常预先做成量规(间距为 0.01 mm 的许多圆孔)，然后，轴径的测量问题就变为在量规上检测能否通过的问题。

2. 构建基本完整的和复合的测量物场模型

(1) 构建基本完整的测量物场模型(4.2.1)。

① 初始状态：一个不完整的物场模型难以进行测量和检测。

② 约束条件：对引入物质和场没有限制。

③ 解法：可以通过一个完整合格的或具有输出场的双物–场模型。

(2) 向综合物场模型跃迁(4.2.2)。

① 初始状态：完整物场模型，系统(或系统一部分)难以被检测或测量。

② 约束条件：对引入物质和场没有限制。

③ 解法：可以通过引入易于检测的添加物，使其转换为内部或外部综合物场，从而使其便于检测或测量。

对难以测量和检测的系统或部件，引入易检测的附加物 S3，形成内部或外部合成的测量物场模型，检测或测量该合成附加物的变化。

(3) 与环境一起测量的物场模型(4.2.3)。

① 初始状态：系统很难被检测和测量。

② 约束条件：对引入物质和场没有限制。

③ 解法：可以通过引入易于检测的添加物，使其转换为内部或外部综合物场，从而使其便于检测或测量。

当系统中禁止引入附加物时，将易产生检测和测量的附加物引入环境中，通过测量环境状态的变化来获得有关对象状态变化的信息。

实例：卫星提供了覆盖整个地球表面的连续信号，手持全球定位系统接收器，运用卫星全球定位系统，就能接收卫星提供的信号，根据信号可以测量出自己的精确位置。

(4) 构建与环境附加物一起的测量物场模型(4.2.4)。

为检测和测量的需要，系统必须引入附加物，但是，该系统禁止引入附加物，在系统的环境中也禁止引入附加物，此时就通过分解或改变环境中已经存在的物体来创造附加物，并测量这些附加物对系统的影响。经常使用的是通过电解、气穴现象、或利用其他相变的方法来获得气体或水蒸气、泡沫等形式的附加物。

3. 增强测量物场模型

(1) 利用物理效应或自然现象(4.3.1)。

通过观察系统中已经出现的物理效应来测量和确定系统的状态。

(2) 利用系统整体或部分的共振频率(4.3.2)。

如果需要直接改变系统或通过场来改变系统，则可以通过测量系统或部分系统的共振频率来完成。由于系统中的变化会导致共振频率的变化，所以，通过测量共振频率的变化也就获得了系统变化的信息。

共振频率的测量在应用上非常广泛。通过测量物体共振频率的变化，就可以获得该物体在状态上的变化，包括尺寸及重量等的变化情况。

(3) 连接已知特性的附加物后，利用其共振频率(4.3.3)。

如果不能直接检测或测量系统中的变化，又不能通过在系统中或部分系统中进行共振频率的测量来完成，则可以通过连接已知特性的附加物，然后通过测量共振频率来获得所需要的测量信息。

4. 向铁磁场测量模型转换

(1) 构建原铁磁场测量模型(4.4.1)。

为便于测量，在非磁性系统内引入固体磁铁，致使将非磁性的测量的物场模型转换为包含磁性物质和磁场的原铁磁场测量模型。(利用固体磁铁形成的原铁磁场模型通常只能在局部产生磁场，并不是分布在系统内的各个部位)

(2) 构建铁磁场测量模型(4.4.2)。

如果为提高系统测量的可控性，需要系统整体的各个部位都具有磁的效应，则必须在系统中加入铁磁粒子，或用含铁磁粒子的物质代替原系统中的一个物质，使系统由物场测量模型或向铁磁场测量模型转换，通过检测和测量磁场的作用，就可得到需要的信息。铁磁场的磁性物质或者铁磁粒子在物质(S1，S2)的体内各部位均有分布。

(3) 构建复合铁磁场测量模型(4.4.3)。

为了提高系统检测或测量的效率，如果需要向铁磁场测量模型转化，但是，当不能向系统中的物质直接引入铁磁粒子时，则可通过向系统的内部或外部(物质表面)引入带磁性粒子的附加物，构建合成的铁磁场测量模型。

(4) 构建与环境一起的铁磁场测量模型(4.4.4)。

为了提高系统检测或测量的效率，如果需要向铁磁场测量模型转换，但是，系统中不允许引入铁磁物质，既禁止直接引入铁磁粒子，又不允许向系统的内部或外部(物质表面)

引入带磁性粒子的附加物，则可将含铁磁粒子的磁性物质引入与系统相联系的环境中，构建与环境一起的测量的铁磁场模型，通过对环境磁场的检测和测量可得到需要的信息。

(5) 利用与磁场有关的物理效应或自然现象(4.4.5)。

利用与磁场有关的物理效应或自然现象用以获得提高系统检测与测量的可控性和准确性。例如居里效应、磁滞现象、超导现象，还有霍普金森效应、巴克豪森效应、霍尔效应、超导性等自然现象或物理效应等被用于测量系统。

实例 1：居里效应的应用。

A.C.#1035426 液位探测仪的测量通常是由容器内的磁铁和容器外的磁敏感接点组成。为增加探测仪的可靠性，将磁铁拧紧在磁敏感接点的平面上，并用居里点低于液体温度的磁性材料覆盖。

实例 2：静电排斥力效应的应用。

为了让床单上的棉絮自动脱离或是要让羽毛与羽毛杆分离，用电离气流吹，使两者带上同一类型的静电电荷，运用"同性相斥"的原理，小块的棉絮会被排斥，并容易地被吸尘器吸入。

实例 3：气穴现象的应用。

使用气穴现象可以获得稳定的、可视的气泡来测得管中物体的流速。

5．测量系统的进化方向

(1) 向双、多级测量系统转换(4.5.1)。

如果单一的测量系统不是足够精确，就应使用两个或多个测量系统。对一个测量对象通过两个或多个传感器，并由传感器接收被测对象的两个或多个信息。由于被接收信息的增多，测量的精确度显然可以获得提高。

实例 1：验光师在给人们配镜时，使用多传感器融合技术的仪器测量远处聚焦、近处聚焦、视网膜整体的一致性等多项指标，以全面反映整体视力水平。

实例 2：A.C.#256570 为测量滑水者跳跃距离，在水面和水下各放置一个麦克风，两个麦克风接收信号的时间间隔与滑水者的跳跃距离成正比。

(2) 向测量一级或二级派生物转换(4.5.2)。

测量系统为了获得所需要的某参数信息，由直接测量对象的参数转向测量该信息参数一阶或二阶派生物来替代。测量精度将会随着测量路径的进化而有所提高。

实例 1：用测量速度或加速度来替代位移的测量，速度和加速度就是位移派生的二阶派生物。

实例 2：山脉的地震张力以前是通过测量岩石的电导率来得到的。为提高测量精度，现在是通过测量电导率的变化速度来得到的。

实例 3：测量飞行器位置与速度。

地面雷达系统直接运用雷达反射频率的改变来计算飞行器的准确位置和速度。

6.3.5 第五级标准解

第五级：简化与改善策略标准解。本级标准解分类如表 6.6 所示。

表 6.6 第五级标准解分类列表

所属级	所属子级	编号	名　　　称	序号
第五级	引入物质的方法	5.1.1	间接方法	1
		5.1.2	将物质分割成若干更小单元	2
		5.1.3	应用能"自消失"的附加物	3
		5.1.4	利用可膨胀结构,以获得向环境中引入空气、泡沫等大量附加物的需要	4
	引入场的方法	5.2.1	利用系统中已存在的场	5
		5.2.2	利用环境中已存在的场	6
		5.2.3	利用场源物质	7
	利用相变	5.3.1	相变1:改变相态	8
		5.3.2	相变2:在变化环境的作用下,物质能由一种状态转变到另一种状态	9
		5.3.3	相变3:利用伴随相变过程中发生的自然现象或物理效应	10
		5.3.4	相变4:利用双相态物质替代	11
		5.3.5	利用物理与化学作用	12
	利用物理效应或自然现象	5.4.1	利用由"自控制"能实现相变的物质	13
		5.4.2	增强输出场	14
	产生物质粒子的更高或更低形式	5.5.1	通过分解获得物质粒子	15
		5.5.2	通过合成获得物质粒子	16
		5.5.3	综合运用5.5.1和5.5.2获得物质粒子	17

第五级中的标准解法专注于对系统的简化,引导人们如何使得系统不会增加任何新的东西,不会使系统复杂化,即使在引入新的物质或新的场的情况下也是如此。

1. 引入物质的方法

(1) 间接方法(5.1.1)。

① 利用"虚无物质"(如空洞、空间、空气、真空、气泡等)替代实物。

如果有必要向系统物质内部引入附加物,但所有有形的物质都受到禁止或是有害时,就使用诸如空气等"虚无物质"代替实物作为附加物引入。

实例:为提高潜水服保温性能,过度增加表层橡胶的厚度,会使潜水员感到累赘,操作不方便。采用添加泡沫的办法,既可以解决保温问题,又能使其重量几乎没有增加。

② 用引入一个场来替代引入物质。

实例:检查黄酱包装袋的密封性。

将包装袋在低压下浸入水中,通过视觉观察水中是否产生气泡就可确定袋子是否有泄漏。但更为简单而迅速的办法是利用压力差来鉴别包装袋的密封性。将盛有黄酱的包装袋放入真空房中，好的包装会发生膨胀，而密封性不好的包装袋内的黄酱就会泄漏出来。

③ 引入外部附加物替代内部附加物。

如果有必要在系统中引入一种物质，然而引入物质内部是不允许的或不可能的，那么就在其外部引入附加物。

实例：飞机上备有降落伞，在飞机出事时，以便让飞行员脱险。

④ 引入小剂量活性附加物。

实例 1：利用铝热剂爆炸将铝焊接到某物体上。

实例 2：防止飞机爆炸。

飞机的爆炸只有在汽油的蒸汽与空气经混合后才有可能发生。如何防止这种混合气体的形成是防止飞机爆炸的关键。为了使这种易于引起爆炸的汽油蒸汽不存在，在燃料中加入极少量的聚合物，使燃料从液态转化为凝胶状态，大大降低了燃料的汽化点。

⑤ 在特定区域(物质的个别部分)引入小剂量活性附加物。

在系统的特定位置(物质的个别部分)引入小剂量活性附加物，是为了在需要最大作用的区域通过引入的小剂量活性附加物，用于生成局部的强化场。

实例 1：在两个需要焊接的部件之间加入可以发出高热量的焊接剂。

实例 2：为去掉衣服上的污迹，只需将化学去污剂抹在有污垢的地方；为了避免药物对身体的健康造成严重负面影响，将药物集中在疾病的准确部位上。

⑥ 临时引入附加物。

实例 1：为了治疗骨伤，用金属紧固件固定断裂处，待骨伤愈合康复后，再将紧固件去除。

实例 2：为生产多孔的空心金属小球，预先用聚苯乙烯做成小球，再把金属电镀到聚苯乙烯小球上，最后将小球放到有机溶液中，将小球内部的聚苯乙烯溶解掉。

⑦ 利用模型或复制品替代实物，允许其中再引入附加物。

实例 1：为增加立体研究的准确性，通过分层扫描来获得三维体复制品。模型的空间形状可以很容易被修改。

实例 2：视频会议(或称为网络视频会议)允许与会者在各自不同地点召开会议。

⑧ 引入经分解能生成所需附加物的化合物。

实例：人体需要钠，但直接向人体添加金属钠是有害的，可以用化合物食盐来替代，食盐中的钠则可被人体吸收。

⑨ 引入环境或物体本身经分解能获得所需的附加物。

通过电解或相变，从环境或物体本身分解得到所需的附加物。

实例：在花园中，掩埋垃圾替代使用化肥。既充分利用了资源再生，又避免因使用化肥而产生的负面影响。

(2) 将物质分割成若干更小单元(5.1.2)。

如果系统不可改变，又不允许改变工具，也禁止引入附加物，则可将物质分裂为更小的单元(特别是在微粒流中，可以将微粒流分成同样的和不同样两部分电荷)，利用这些更小单元间的相互作用来代替物质，获得增强的系统功能。

实例：为增加飞机的速度，需要增加螺旋桨的长度。采用两个小的螺旋桨替代一个大的螺旋桨，由于振动小，因此要优越得多。

(3) 应用能"自消失"的附加物(5.1.3)。

引入的添加物，在完成所需的功能后，能在系统或环境中自行消失或变成与系统中相同的物质存在。

实例：使用干冰人工降雨，不会留下残余物。

(4) 利用可膨胀结构，以获得向环境中引入空气、泡沫等大量附加物的需要(5.1.4)。

如果环境不允许引入大量的物质，则使用对环境无影响的充气结构或泡沫等作为添加物来实现系统的功能。其中，应用充气结构属于宏观级的标准解法；应用泡沫属于微观级的标准解法。

实例：要移走空难后的飞机，将充气结构放在机翼下面，经充气后，就能将飞机抬了起来，运输车就可以放到充气结构的下面，随之，飞机就能顺利地进行移动。

2. 引入场的方法

(1) 利用系统中已存在的场(5.2.1)。

(2) 利用环境中已存在的场(5.2.2)。

(3) 利用场源物质(5.2.3)。

当需要向系统引入一个场，而系统所含有的载体中不存在可以引入的场时，考虑应用环境中已存在的场，在自然环境中存在着取之不尽的作用场。

实例1：在汽车中采用引擎散热剂作为一种热能(场)资源供乘客取暖，而不是直接应用燃料。

实例2：当桥横跨河流时，从桥上排水的抽吸系统，通常是将一个大管子的一端放入河流、另一端放到桥面上，利用环境中已存在的"水锤效应"提供的势场来使河水持续地流过桥面。

实例3：电子装置是利用每个元件发出的热量而产生的温差，引起空气流动来进行冷却，而无需额外附加风扇。

3. 利用相变

(1) 相变1：改变相态(5.3.1)。

应用物质的气、液、固三个相态的变换来获得提高系统功能的有效性。

实例1：为了运输的方便，可以将水变成粉末状，现场使用时再变成液态。

实例2：为在矿井中提供风力装置，使用液化气体代替压缩气体。

(2) 相变2：在变化环境的作用下，物质能由一种状态转变到另一种状态(5.3.2)。

通过工作环境的改变来实现物质双重相态的动态化转换。

实例：热交换器上装有紧贴于其表面的由钛镍合金制成的"瓣形物"，这是具有形状记忆功能的物质，当温度升高时，"瓣形物"会伸展开来，增大了冷却面积；当温度降低时，"瓣形物"会收缩，减小了冷却面积。

(3) 相变3：利用伴随相变过程中发生的自然现象或物理效应(5.3.3)。

应用伴随相变过程中的现象来加强系统的有效作用。

实例1：运输冷冻货物的冰块时，伴随着在运输过程中出现的冰块自然融化现象，可起到润滑作用，有效地减少摩擦力。

实例2：当超导体达到零电阻时，它就变成了一种非常好的热绝缘体，利用这个特性，可将超导体用来作热绝缘开关，作为隔绝低温设备的热转换装置。

(4) 相变 4：利用双相态物质替代(5.3.4)。

(5) 利用物理与化学作用(5.3.5)。

通过物质在系统中相态的变换，来实现提高系统功能的有效性或给系统附加新的功能。

实例：空调机中的制冷剂液体经压缩时吸收热量，冷凝时放出热量，周而复始，不断循环。

4．利用物理效应或自然现象

(1) 利用由"自控制"能实现相变的物质(5.4.1)。

实例 1：摄影玻璃在强光线的环境中变黑，在黑暗的环境中变得透明。

实例 2：避雷针保护天线。在常态下避雷针担当电介质而不妨碍天线机能；雷击时，空气被离子化，避雷针作为电传导并形成一闪电通道以保护天线。通过离子和电子的再结合，而形成中性分子，使自然状态得以恢复。

(2) 增强输出场(5.4.2)。

通常在接近状态转换点处实现输出场的增强。

实例：真空管与晶体管都可以用小电流控制大电流。

5．产生物质粒子的更高或更低形式

(1) 通过分解获得物质粒子(5.5.1)。

实例：假如系统中需要的氢不存在，而水存在，则用电离法将水转变成氢与氧。

假如高等结构物质需要分解，但又不能分解，则由次高一级的物质状态代替。

(2) 通过合成获得物质粒子(5.5.2)。

实例：通过水与二氧化碳的光合作用，产生木材、树叶及果实。

如果物质是通过低结构物质组合而成，而该物质不能应用，则采用高一级的物质代替。

(3) 综合运用 5.5.1 和 5.5.2 获得物质粒子(5.5.3)。

实例：在避雷针的例子中，不是避雷针离子化，而是气体分子处于离子化，并形成一闪电通道，离子和电子的结合又使自然状态得以恢复。

6.4　物质-场模型分析标准解法应用

6.4.1　应用标准解法的步骤

物场分析模型的标准解分为 5 级、18 个子级，共 76 个标准解法，给实际问题提供了丰富的解决方法。通过物场分析，可以快速有效地使用标准解法来解决那些设计和技术难题。

在标准解法的使用和实践过程中，总结出了一整套的使用步骤和流程，让发明问题标准解的使用能够循序渐进，容易操作。以下为采用标准解法求解的步骤。

1．确定所面临的问题类型

首先要确定所面对的问题是属于哪一类的问题，是要对系统进行改进，还是对某件物体有测量或探测的需求。问题的确定过程是一个复杂的过程，可以按照下列顺序进行：

(1) 问题工作状况的描述，以图文并茂的方式介绍问题状况的描述为最好。

(2) 将产品或系统的工作过程进行分析，尤其是物流过程需要表达清楚。

(3) 组件模型分析包括系统、子系统、超系统这三个层面的组件，以确定可用资源。

(4) 功能结构模型分析是将各个元件间的相互作用表达清楚，用物场模型的作用符号进行标记。

(5) 确定问题所在的区域和组件，划分出相关的元件，作为下一步工作的核心。

2．对技术系统进行改进

如果面临的问题是要求对技术系统进行改进，则应按下列顺序进行：

(1) 建立现有技术系统的物场模型。

(2) 如果是不完整物场模型，则应用标准解法第一级中 1.1.1～1.1.8 的 8 个标准解法。

(3) 如果是有害效应的完整物场模型，则应用标准解法第一级中 1.2.1～1.2.5 的 5 个标准解法。

(4) 如果是效应不足的完整物场模型，则应用标准解法第二级中的 23 个标准解法和标准解法第 3 级中的 6 个标准解法。

3．对某个组件进行测量或探测

如果问题是对某个组件有测量或探测的需求，则应用标准解法第四级中的 17 个标准解法。

4．标准解法简化

当获得了对应的标准解法和解决方案后，检查模型(即技术系统)是否可以应用标准解法第五级中的 17 个标准解法来进行简化。

标准解法第五级也可以被认为是否有强大的约束限制着新物质的引入和交互作用。

在应用标准解法的过程中，必须紧紧围绕技术系统所存在问题的最终理想解，并考虑系统的实际限制条件，灵活地进行运用，并追求最优化的解决方案。在很多情况下，综合应用多个标准解法，对问题的彻底解决具有积极的意义,特别是第五级中的 17 个标准解法。

实际应用求解时，可以套用下面模板快速、方便地解决问题，如表 6.7 所示。

表 6.7 应用标准解法的简便模板

关键问题	相互作用组件 (物质和场)	问题 物场模型	确定标准解类别	解决问题 新物场模型	解决方案
	物质 1 物质 2 场				

简便步骤：

(1) 关键问题：描述要解决的关键问题，定位。

(2) 相关作用组件(物质和场)：列出所有问题的相互作用组件，相关物质 1、物质 2

和场。

(3) 问题物场模型：从所有问题相互作用组件中挑选组件，建立问题物场模型。

(4) 确定标准解类别：根据问题物场模型类别确定对应的标准解类别。

(5) 解决问题新物场模型：确定解决问题的标准解，建立新物场模型。

(6) 解决方案：根据新物场模型结合具体问题确定解决方案。

(7) 重复(4)～(6)，找到更多的解决方案。

(8) 对解决方案进行评估，确定最佳方案。

6.4.2　物质-场模型分析标准解法应用实例

飞机发动机罩的改进设计。

1．问题描述

飞机发动机罩主要用来给飞机提供足够的空气，满足飞机起飞的要求。随着人们对飞机要求的提高，飞机发动机的功率越来越大，发动机需要的进风量就更大，这就要求机罩的体积增大。但是，机罩越大，它离地面的距离就越近，在飞机起飞降落时容易发生各种危险。

2．建立物场模型

该问题的物场模型如图 6.4 所示，S1 为机罩，S2 为地面。机罩 S1 体积的增大，虽然可以为发动机提供更大的进风量，但是会在地面 S2 和机罩 S1 之间引入有害作用。该物场模型属于具有有害效应的完整物场模型。

3．求标准解对系统进行改进

由于系统涉及有害效应，所以应用标准解法第一级(标准解法 1.2.1～1.2.5 中的 5 个标准解法)。经过分析，该问题不允许引入新的物质，因此只能采用标准解法 10 来解决问题，即可以通过改变 S1 和 S2 来消除有害作用。具体措施为：

(1) 对 S2 的改变。考虑改变地面形态，如改变跑道两侧地面的形状来提高采风量。

(2) 对 S1 的改变。改变机罩形状，将圆形机罩变为椭圆形或方形。改变机罩位置，考虑到机罩与地面的关系，提升机罩在飞机上的位置，调高机罩，如表 6.8 所示。

表 6.8　应用标准解法进行飞机发动机罩的改进设计

关键问题	相互作用组件(物质和场)	问题物场模型	确定标准解类别	解决问题新物场模型	解决方案
飞机发动机功率大，机罩大，离地面近，危险	机罩 地面 风	具有有害效应的完整物场模型	第一级(标准解法 1.2.1～1.2.5 中的 5 个解法)	标准解法 10	对 S2 的改变 对 S1 的改变

综合以上分析，可以采取调高机罩位置或改变机罩形状的方法来解决这个问题。图 6.5 是改进后的设计方案示意图与改进前的比较。改进后的方案把发动机罩的底部由曲线变为直线，解决了既增加空气吸入量，又不减小机罩与地面距离的问题。

图 6.4 问题物质-场模型

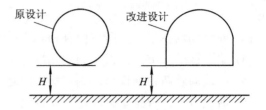

图 6.5 改进后设计方案示意图与改进前的比较

习题与思考题

1. 物场分析与标准解之间有什么关系?
2. 发明问题的标准解法可以解决什么样的问题?
3. 76 个标准解共分几级? 各级侧重解决什么样的问题?
4. 标准解法的应用过程和步骤是什么?

第7章 发明问题解决算法(ARIZ)

7.1 ARIZ 概 述

发明问题解决算法(Algorithm for Inventive-problem Solving，俄文简写为 ARIZ)最初由阿奇舒勒于 1956 年提出，经过多次完善才形成比较完整的体系。ARIZ 是解决发明问题的完整算法，是 TRIZ 中最强有力的工具，集成了 TRIZ 理论中大多数观点和工具，专门用于解决复杂、困难的发明问题。ARIZ 采用一套逻辑过程逐步将初始问题程序化，其目标是建立相应的物理矛盾或技术矛盾，并解决这些矛盾。该算法主要针对问题情况复杂、矛盾及其相关部件不明确的技术系统和非标准发明问题。

ARIZ 本身过于复杂，不易掌握，对使用者要求较高，因此其应用远不及 TRIZ 其他方法工具那样广泛。根据阿奇舒勒的研究，在工程实践中所遇到的问题，只有不到 5%的高难度非标准问题是属于需要使用 ARIZ 解决的。

7.1.1 ARIZ 的主导思想和观点

1. 矛盾理论

发明问题的特征是存在矛盾，ARIZ 强调发现并解决问题中的矛盾。阿奇舒勒将矛盾分为管理矛盾、技术矛盾和物理矛盾。管理矛盾是指希望取得某些结果或避免某些现象，需要作一些事情，但不知如何去做；技术矛盾总是涉及系统的两个基本参数 A 与 B，当 A 得到改善时，B 变得更差；物理矛盾仅涉及系统中的一个子系统或部件，并对该子系统或部件提出了相反的要求。技术矛盾可转化为物理矛盾，物理矛盾更接近问题本质。

ARIZ 采用一套逻辑过程，逐步将一个模糊的初始问题转化为用矛盾清楚表示的问题模型。首先将初始问题用管理矛盾来表述，根据 TRIZ 实例库中的类似问题类比求解，无解则转化为技术矛盾，采用 40 条发明原理解决，如问题仍得不到解决，则进一步深入分析发现物理矛盾。特别强调由理想解确定物理矛盾的方法，一方面技术系统向着理想解的方向进化，另一方面物理矛盾阻碍达到理想状态。创新是解决矛盾趋近于理想解的过程。

2. 克服思维惯性

思维惯性是创新设计的最大障碍。ARIZ 强调在解决问题过程中必须开阔思路，克服思维惯性，主要通过利用 TRIZ 已有工具和一系列心理算法克服思维惯性。

(1) 将初始问题转化为"缩小问题"(Mini-Problem)和"扩大问题"(Maxi-Problem)两种

形式。"缩小问题"是指尽量使系统保持不变，达到消除系统缺陷与完成改进的目的，其引入约束激化矛盾的目的是发现隐含矛盾。"扩大问题"是指对可选择的改变不加约束，目的是激发解决问题的新思路。

(2) 强调应用系统内、系统外和超系统的所有种类可用资源。其主要包括 7 种潜在的资源类型：物质、能量/场效果、可用空间、可用时间、物体结构、系统功能和系统参数，并且可用资源的种类和形式是随着技术的进步不断扩展的。

(3) 系统算子。考虑将系统问题扩展，系统往往不是孤立存在的，系统包含子系统，并隶属于超系统，在过程上处于前系统和后系统之间；系统也包括过去状态和将来状态。系统算子方法考虑系统内问题是否可以转移到所在超系统、前系统、后系统及系统的不同时间段。有时系统内难解决的问题在系统以外很容易解决。

(4) 参数算子。考虑系统长度参数、时间参数，以及成本增大或减小可能出现的情况，目的是加强矛盾或发现隐含问题。

(5) 尽量采用非专业术语表述问题，因为专业术语往往禁锢人的思维。例如在"破冰船破冰"的惯性思维引导下，人们不会想到可以不用破冰而将冰移走。

3. 集成应用 TRIZ 中大多数工具

ARIZ 集成应用了 TRIZ 理论中绝大多数工具，包括理想解、技术矛盾理论、物理冲突理论、物场分析与标准解、效应知识库。ARIZ 对使用者有很高的要求，使用者必须可以熟练使用 TRIZ 理论的其他工具。

4. 充分利用 TRIZ 效应库和实例库

充分利用 TRIZ 效应库和实例库，并不断扩充实例库。ARIZ 应用效应库可以解决物理冲突，并已有相应软件支持。搜索实例库，借鉴类似问题解决方案，并且每解决一个问题都要分析解决方案，将具有典型意义及通用性的加入实例库。但不同问题的相似性判别、原理解特征分析、实例库分类检索方法还有待研究。

7.1.2 ARIZ 的基本特点

TRIZ 理论的研究者从不同的角度给出了 ARIZ 的一些特点：

(1) ARIZ 是一种引导人们进行全面思考的工具，但是并不能用它来代替思维过程。在利用 ARIZ 进行思考时，一定要非常仔细地阅读 ARIZ 中的每一个步骤，并按照其引导进行思考。同时，把你在思考过程中想到的所有想法都记录下来，包括那些表面上看起来可笑的、荒诞不经的"胡思乱想"。

(2) ARIZ 不是一个方程式，直接将问题作为变量带进去是得不到答案的。ARIZ 是一个包含了多个步骤的、相对复杂的解题流程。在这个流程中，阿奇舒勒将经典 TRIZ 中的多种解题工具、重要理论概念和一些实用的创造性思维方法有机地结合起来，通过分析问题的技术矛盾来转换发明问题，并最终解决问题。因此，它能够使一个人拥有很多发明家的经验，并不断提高运用这些经验的能力。

(3) 从有效性和复杂性来看，矛盾矩阵、分离原理和标准解系统等 TRIZ 工具与 ARIZ 正好相反。不加选择地使用这种极端强大，但是又非常复杂、难用的工具，会令使用者失望的。只有将 ARIZ 用于求解那些真正特殊的问题，才是合理的。

与其他 TRIZ 工具一样，利用 ARIZ 对问题进行求解，最后得到的只是一个概念解。如何利用这个概念解来解决实际问题，还需要设计人员具体问题具体分析，利用自己的专业领域知识，将获得的概念解逐步转化为可以实施的详细解决方案。

7.2　ARIZ 的详细步骤

发明问题解决算法(ARIZ)有多个版本，ARIZ 85-AS 是最具有代表性的版本。ARIZ 85-AS 共有 9 个步骤：① 问题分析与表述；② 系统分析与矛盾表述；③ 确定理想解及物理矛盾；④ 利用外部物质或场资源；⑤ 利用效应库解决物理矛盾；⑥ 重新定义问题；⑦ 原理解评价判断是否为最终解；⑧ 原理解应用；⑨ 全过程合理性分析。

图 7.1 所示为 ARIZ 流程图。

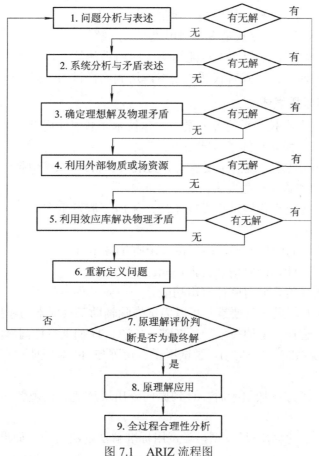

图 7.1　ARIZ 流程图

ARIZ 每个步骤包含许多子步骤，应用中不强调采用所有步骤，根据情况可跳过一些无关子步骤。详细步骤介绍如下。

1. 问题分析与表述

问题分析步骤的主要作用是搜集技术系统相关信息、定义管理矛盾、分析问题结构，以"缩小问题"的形式表述初始问题。

(1) 按照如下文本形式，表述技术系统。

技术系统的主要目的是__，主要子系统包括__，技术系统和它的主要子系统的有用功能包括__，有害功能包括__。

(2) 回答如下问题，判断问题是常规问题还是矛盾问题，常规问题不需应用 ARIZ。

① 应用已知方法提高有用功能，有害功能是否同时提高?

② 消除或减弱有害功能，有用功能是否同时减弱?

如果两个问题的答案都是否定的，则是常规问题，不需应用 ARIZ。

(3) 采用"缩小问题"形式表述原问题。

"缩小问题"模板：如何通过系统最小的改动实现有用功能消除有害功能，或如何通过系统最小改动消除有害功能并不影响有用功能。

(4) 图形表示"缩小问题"的结构。根据有用功能和有害功能的相互作用关系，分为点结构、成对结构、网状结构、线结构、星形结构等。

(5) 应用 TRIZ 实例库，寻找是否可利用类似问题解。

(6) 问题发散。假设初始问题不可能解决，应用系统算子，考虑在超系统、前系统、后系统及系统的不同时间段寻找替代解决方案，达到同样目的。问题解决则转到步骤 7。

2. 系统分析与矛盾表述

该步骤分析问题所在技术系统各要素，构建技术矛盾表述问题，并尝试采用发明原理与标准解法解决技术矛盾。详细子步骤如下：

(1) 陈述问题所在技术系统的主要要素。TRIZ 认为技术系统包括输入原料要素、工具要素、辅助工具要素和输出产品要素。

(2) 通过分析系统要素作用过程发现矛盾，矛盾一般发生在工具、辅助工具要素作用于原材料要素的过程中。

(3) 根据技术矛盾的两种形式，构建技术矛盾 TC1 和 TC2。

TC1：增强有用功能，同时增强有害功能。

TC2：降低有害功能，同时降低有用功能。

(4) 如果矛盾涉及辅助工具要素，可以尝试去除辅助工具要素构建技术矛盾 TC3。

(5) 确定矛盾，选择合适的技术矛盾(TC1、TC2、TC3)来表述问题(原则是解决哪一个矛盾可以更好地实现系统主要功能)。尝试用矛盾矩阵与 40 条发明原理解决技术矛盾，矛盾解决则转到步骤 7。

(6) 采用参数算子方法加强矛盾，直到原问题出现质变、出现新的问题，并重新分析问题。

(7) 构建技术矛盾的物质-场模型，尝试用标准解法解决问题。如果技术矛盾得不到解决，则继续步骤 3。

3. 确定理想解及物理矛盾

确定最终理想解，发现阻碍实现理想解的物理矛盾。

(1) 结合设计草图，定义操作区域、操作时间。

(2) 定义理想解 1：在不使系统变复杂的情况下，实现有用功能，并不产生和消除有害功能，并不影响工具要素有用行动的执行能力。

(3) 加强理想解：引入附加条件，不能引入新的物质和场，应用系统内可用资源实现理想解。具体包括：

① 列出系统内所有可用资源清单。

② 选择一种资源(x 资源)作为利用对象。依次选择矛盾区域内的所有资源，选用的顺序为工具要素、其他子系统的资源、环境资源、原材料要素和产品。

③ 思考利用 x 资源如何达到理想解，并思考如何能够达到理想状态(x 资源可作为假想矛盾元素，可具有相反的两种状态或属性，不必考虑是否可实现)。

④ 遍历所有资源以后，选择一个最可能实现理想解的 x 资源作为矛盾元素。

(4) 表述物理矛盾。物理矛盾模板：在操作空间和时间内，所选 x 资源应该具有某一状态以满足矛盾一方，又应该具有相反的状态以满足矛盾另一方。

(5) 构建理想解 2。所选 x 资源在操作时间和空间内，具有相反的两种状态或属性。

(6) 尝试解决理想解 2 指出的问题。如果问题没有解决，则选择另外一种资源。

4. 利用外部物质或场资源

在步骤 3 系统内资源分析的基础上，进一步拓展可用资源的种类和形式(包括派生资源)。

(1) 使用物质资源的混合体来解决问题。

例如，稀薄的空气可以看作空气与真空区的混合体，并且真空是一种非常重要的物质资源，可以与可利用物质混合产生空洞、多孔结构、泡沫等。

(2) 应用派生资源。

(3) 将产品作为一种可用资源，常见如下几种应用形式：

① 产品参数和特性的改变；

② 产品暂时改变；

③ 多层结构。

(4) 应用超系统资源。

(5) 使用场资源和场敏物质，典型的是磁场和铁磁材料、热与形状记忆合金等。

(6) 在应用新资源的情况下，重新考虑采用标准解解决问题。

(7) 若经过以上步骤仍没有解决问题，则进入步骤 5 应用 TRIZ 知识库。

经过以上分析步骤，使问题表述更接近问题本质，有助于问题解决。

5. 利用效应库解决物理矛盾

(1) 采用类比思维，参考 ARIZ 已经解决的类似问题的解决方案。

(2) 应用效应库解决物理矛盾，新效应的应用常可获得跨学科、高级别的发明解。

(3) 尝试应用分离原理解决物理矛盾。

6. 重新定义问题

问题没有解决的重要原因是发明问题很难得到正确表述，解决问题过程中经常需要修改问题表述。

(1) 问题解决则跳转到步骤 7。

(2) 问题没有解决，返回步骤 1，分析初始问题是否可分为几个小问题，重新分析确定主要问题。

(3) 检查步骤 2 中矛盾要素分析是否正确，是否可以选择其他产品或工具要素。

(4) 选择步骤 2 中的其他矛盾表述 TCI、TC2、TC3。

7. 原理解评价判断是否为最终解

(1) 检查每一种新引入的物质或场，确定是否可以用已有物质和场代替。

(2) 子问题预测：预测解决方案会引起哪些新的子问题。TRIZ 所得到矛盾的解分为两类：

① 离散解：彻底消除了技术矛盾，或新解使得原有技术矛盾已不存在。

② 连续解：新解部分消除了矛盾，但矛盾仍然存在，不断地消除矛盾的同时产生一系列新的矛盾，这些矛盾构成矛盾链。

(3) 方案解评估，主要采用如下评价标准：

① 是否很好实现了理想解 l 的主要目标。

② 是否解决了一个物理矛盾。

③ 方案是否容易实现。

④ 新系统是否包含了至少一个易控元素，如何控制。

所有标准都不满足则回到步骤 1。

(4) 检索专利库，检查解决方案的新颖性。

8. 原理解应用

此步骤确定原理解的具体工程实现方法，以及评价该方法是否可以应用于其他问题。

(1) 定义改变：定义包含改进系统的超系统应如何改变。

(2) 可行性分析：检查改进后的系统和超系统是否可以按新方式工作。

(3) 考虑应用解决方案采用的原理解决其他问题。

① 陈述解法的通用原理；

② 考虑该解法原理对其他问题的直接应用；

③ 考虑使用相反的解法原理解决其他问题。

9. 全过程合理性分析

全过程合理性分析主要是面向 TRIZ 专家的，用于评估、改进 ARIZ。

(1) 将问题解决实际过程与 ARIZ 的理论过程进行比较，记下所有偏离的地方。

(2) 将解决方案与 TRIZ 知识库进行比较，如果 TRIZ 知识库没有包含该解决方案的原理，则考虑在 ARIZ 修订时扩充。

7.3 TRIZ 的 应 用

7.3.1 摩擦焊接

摩擦焊接是连接两块金属的最简单的方法。将一块金属固定并将另一块对着它旋转，只要两块金属之间还有空隙就什么也不会发生，但当两块金属接触时，接触部分就会产生很高的热量，金属开始熔化，再施加一定的压力，两块金属就能够焊接在一起。一家工厂要用每节 10 m 的铸铁管建成一条通道，这些铸铁管要通过摩擦焊接的方法连接起来。但要想使这么大的铁管旋转起来需要建造非常大的机器，并要经过几个车间。如何解决这一问题呢？现在对这一问题用 ARIZ 方法做如下分析：

缩小的问题：对已有设备不做大的改变而实现铸铁管的摩擦焊接。

系统矛盾：管子要旋转以便焊接，管子又不应该旋转以避免使用大型设备。

问题模型：改变现有系统中的某个构成要素，在保证不旋转待焊接管子的前提下实现摩擦焊接。

矛盾领域和资源分析：矛盾领域为管子的旋转，而容易改变的要素是两根管子的接触部分。

理想解最终结果：只旋转管子的接触部分。

物理矛盾：管子的整体性限制了只旋转管子的接触部分。

物理矛盾的去除及问题的解决对策：用一根短管子插在两根长管之间，旋转短的管子，同时将管子压在一起直到焊好为止。

7.3.2 中药包装机

中药滴丸滴制成形烘干后，需计数装瓶。国内应用比较广泛的是滚筒式滴丸包装机，实现了滴丸计数、灌装、封瓶的全自动操作。其技术核心及难点在于如何实现滴丸计数及排粒。滴丸装载在料仓中，随着滚筒的旋转，滴丸在定量板的运载下，每 100 粒一批，通过槽轮排粒保证定量板上所有药粒通过漏斗被灌入药瓶之中。光电计数器检测定量板是否布满药粒，没有布满的装瓶后要被剔除。

这种方法的最大缺点是：定量板布粒孔数量一定，灌装数量柔性化小；槽轮排粒机构复杂，振动噪声大；使用的光电传感器数量多。

应用 ARIZ 改进滴丸包装机，首要解决的问题是实现灌装柔性化。

1．问题分析与表述

(1) 该系统的主要功能是实现药粒的计数，并将药粒排出。系统主要部件包括滚筒、定量板、槽轮、料仓和光电传感器。

(2) 问题：现有系统定量罐装无法实现柔性化生产，初步判断存在的矛盾属于发明问题。

(3) 用管理矛盾和"缩小问题"形式表述原问题。管理矛盾：需要调整药粒装瓶数，现有系统无法实现。"缩小问题"在尽量少改变现有系统的条件下，实现柔性化罐装。

(4) 问题属于简单的点结构问题。

(5) 搜索 TRIZ 发明实例库，没有找到类似问题可参考。

(6) 问题发散：滴丸包装机根据工序可分为计数排粒、装瓶、压盖三个子系统。转移问题得到初步方案：排粒必须在原子系统内实现，计数可考虑在后续装瓶工序前实现。

2．系统分析与矛盾表述

(1) 陈述技术系统各要素。

输入原材料：药粒；

工具要素：滚筒；

辅助工具要素：定量板、槽轮、光电计数器；

输出产品：规定数量的药粒。

(2) 矛盾要素：定量板，定量板固定数量药粒孔阻碍调整灌装数量。

(3) 构建技术矛盾。

TC1：滚筒安装定量板，实现了药粒的计数与排粒，妨碍了调整灌装药粒数。

TC2：滚筒不安装定量板，无法调整灌装数量，更无法实现计数。

(4) TC1 可以更好地表述问题，选择 TC1 为要解决的技术矛盾。

(5) 应用 40 条发明原理解决矛盾，由发明原理 15(动态化)得到原理解，通过更换定量板来调整灌装数，但在定量板面积不变的情况下不能增加灌装药粒数，只能减少。且定量板曲率半径必须与滚筒半径相等，加工难度大。此原理解不采用。

3. 确定理想解及物理矛盾

(1) 矛盾区域：定量板、滚筒、槽轮。

矛盾时间：从布粒到排粒。

(2) 陈述改进后的系统理想状态：不影响系统灌装计数和增加系统复杂性，并可调整装瓶药粒数。

(3) 选择定量板作为改进对象，考虑利用定量板如何达到理想解状态。

(4) 构建宏观物理矛盾。为实现计数定量板的药粒孔数为定量，且调整装瓶药粒孔数为可调量，定量板必须具有药粒孔数固定和可调两种属性。

(5) 应用分离原理和标准解，无法解决该物理矛盾，返回本步骤中(3)选择其他组件作为改进对象。采用滚筒作为利用对象，构建宏观物理矛盾。滚筒必须安装定量板以实现布粒和计数；安装定量板无法调整灌装数，滚筒必须不安装定量板而采用其他结构实现调整灌装数。再返回本步骤中(5)，应用分离原理，将滚筒的布粒和计数功能分离，计数功能可考虑在后续工序实现。滚筒只实现布粒功能，不需安装定量板和光电传感器，在滚筒上直接布置布粒孔。在后续工序中实现计数，灌装前在漏斗入口加装光电传感器实现计数。跳转到图 7.1 的步骤 7 验证原理解的可行性。

4. 原理解评价判断是否为最终解

(1) 检查改变。改进后的方案没有引入新的物质和场，去掉了定量板，调整了光电传感器的位置，槽轮需重新加工。

(2) 子问题预测。新方案可能引出的主要问题是：滚筒需定期拆卸清洗药粒孔(原来只需拆卸定量板)。采用槽轮排粒不仅加工困难，而且槽轮和滚筒交错不易拆卸，需返回到图 7.1 的步骤 2 解决该子问题。

5. 系统分析与矛盾表述

(1) 构建技术矛盾表述问题。

TC1：采用槽轮，实现排粒，但产生噪声和振动，使滚筒拆卸困难。

TC2：去掉槽轮，消除了振动和噪声，简化结构使滚筒易于拆卸，但却不能保证排粒。

(2) 应用 40 条发明原理解决矛盾。TC1 不易解决，选择 TC2 为要解决的技术矛盾。应用发明原理 28(机械系统替代)、发明原理 29(气体与液压结构)，产生了一种新的方案，即用气体排粒方式代替机械排粒方式。高压气体通过气管进入预定位置,通过气针对药粒进行排粒灌装。跳转到图 7.1 的步骤 7 重新验证原理解。

6．原理解评价判断是否为最终解

(1) 检查改变。新方案引入了新物质——高压气体,但在后续工序中采用了气动元件,整个系统已有气源,并不增加系统复杂性。

(2) 子问题预测:没有新问题出现。

(3) 原理解评价。

① 新方案实现了系统主要功能;

② 新方案解决了一个物理矛盾;

③ 新方案降低了结构复杂性,易于工程实现。

采纳原理解,改进设计后的中药包装机解决了原设计存在的主要问题。

图 7.1 的步骤 8、9 主要是由 TRIZ 专家分析、总结问题解决过程和方案解,以改进和完善 ARIZ。

习题与思考题

1. 分析对比 ARIZ 算法与 40 个发明原理的相似点。
2. 使用 ARIZ 解决问题时,需要遵循哪些原则?

第 8 章 科学效应和现象

8.1 科学效应及作用

所谓效应，是指在有限环境下，由一些因素和一些结果而构成的一种因果现象，多用于对一种自然现象和社会现象的描述。

社会效应是指在人们日常生活中比较常见的现象与规律，是某一个人或事物的行为或作用，引起其他人或事物产生相应变化的因果反应或连锁反应，即对社会产生的效果、反应和影响，包括羊群效应、蝴蝶效应、青蛙效应、木桶效应、酒与污水定律、蘑菇管理、80/20 效率法则等。

由某种动因或原因所产生的一种特定的科学现象，称为科学效应。例如，由物理的或化学的作用所产生的效果，如光电效应、热效应和化学效应等。许多化学效应都以其发现者的名字来命名，如法拉第效应。

从时间轴上对两个对象之间的作用进行分析，也可以将存在于两个对象之间的这种作用看作两个技术过程之间的"纽带"。例如，压电打火机的点火过程，它是利用了压电陶瓷的压电效应。

如果将一个技术过程 A 中的变化看作原因，那么技术过程 A 的变化所导致的另一个技术过程 B 中的变化就是结果。将技术过程 A 和技术过程 B 连接到一起的这种功能关系被称为科学效应。

除了某些最简单的技术系统以外，绝大多数技术系统往往都包含了多个效应。以实现技术系统的功能为最终目标，将一系列依次发生的效应组合起来，就构成了效应链。

8.2 TRIZ 理论中的科学效应

在对大量高水平专利的研究过程中，阿奇舒勒发现了这样一个现象：那些不同凡响的发明专利通常都是利用了某种科学效应，或者是出人意料地将已知的效应及其综合，应用到以前没有使用过该效应的技术领域中。

为了帮助工程师利用科学原理和效应来解决工程技术问题，阿奇舒勒和 TRIZ 理论的研究者共同开发了一个科学效应数据库。其目的就是为了将那些在工程技术领域中常常用到的功能和特性，与人类已经发现的科学原理和效应所能够提供的功能和特性对应起来，以方便工程师进行检索。

TRIZ 理论中，按照"从技术目标到实现方法"的方式来组织效应库，发明者可根据 TRIZ 的分析工具决定需要实现的"技术目标"，然后选择需要的"实现方法"，即相应的科学效应。TRIZ 效应库的组织结构便于发明者对效应加以应用。

通过对全世界 250 万件高水平发明专利的研究，TRIZ 将高难度的问题和所要实现的功能进行了归纳总结，常见的共有 30 个功能，并赋予每个功能一个相对应的代码。有了功能代码，可根据代码来查找 TRIZ 所推荐的此代码下的各种可用科学效应和现象，功能代码与科学效应和现象对应详见表 8.1。

表 8.1 功能代码与科学效应和现象对应表

功能代码	实现的功能	TRIZ 推荐的科学效应和现象	科学效应和现象序号
F1	测量温度	热膨胀	E75
		热双金属片	E76
		珀耳帖效应	E67
		汤姆逊效应	E80
		热电现象	E71
		热电子发射	E72
		热辐射	E73
		电阻	E33
		热敏性物质	E74
		居里效应(居里点)	E60
		巴克豪森效应	E3
		霍普金森效应	E55
F2	降低温度	一级相变	E94
		二级相变	E36
		焦耳-汤姆逊效应	E58
		珀耳帖效应	E67
		汤姆逊效应	E80
		热电现象	E71
		热电子发射	E72
F3	提高温度	电磁感应	E24
		电介质	E26
		焦耳-楞次定律	E57
		放电	E42
		电弧	E25
		吸收	E84

续表一

功能代码	实现的功能	TRIZ 推荐的科学效应和现象		科学效应和现象序号
F3	提高温度	发射聚焦		E39
		热辐射		E73
		珀耳帖效应		E67
		热电子发射		E72
		汤姆逊效应		E80
		热电现象		E71
F4	稳定温度	一级相变		E94
		二级相变		E36
		居里效应(居里点)		E60
F5	探测物体的位移和运动	引入易探测的标识	标记物	E6
			发光	E37
			发光体	E38
			磁性材料	E16
			永久磁铁	E95
		反射和发射线	反射	E41
			发光体	E38
			感光材料	E45
			光谱	E50
			放射现象	E43
		形变	弹性变形	E85
			塑性变形	E78
		改变电场和磁场	电场	E22
			磁场	E13
		放电	电晕放电	E31
			电弧	E25
			火花放电	E53
F6	控制物体位移	磁力		E15
		电子力	安培力	E2
			洛伦兹力	E64
		压强	液体或气体的压力	E91
			液体或气体的压强	E93

续表二

功能代码	实现的功能	TRIZ 推荐的科学效应和现象	科学效应和现象序号
F6	控制物体位移	浮力	E44
		液体动力	E92
		振动	E98
		惯性力	E49
		热膨胀	E75
		热双金属片	E76
F7	控制液体及气体的运动	毛细现象	E65
		渗透	E77
		电泳现象	E30
		Thoms 效应	E79
		伯努利定律	E10
		惯性力	E49
		韦森堡效应	E81
F8	控制浮质(气体中的悬浮微粒, 如烟、雾等)的流动	起电	E68
		电场	E22
		磁场	El3
F9	搅拌混合物, 形成溶液	弹性波	E19
		共振	E47
		驻波	E99
		振动	E98
		气穴现象	E69
		扩散	E62
		电场	E22
		磁场	E13
		电泳现象	E30
F10	分解混合物	电场	E22
		磁场	E13
		磁性液体	E17
		惯性力	E49
		吸附作用	E83
		扩散	E62
		渗透	E77
		电泳现象	E30
F11	稳定物体位置	电场	E22
		磁场	E13
		磁性液体	E17

续表三

功能代码	实现的功能	TRIZ 推荐的科学效应和现象		科学效应和现象序号
F12	产生/控制力，形成高的压力	磁力		E15
		一级相变		E94
		二级相变		E36
		热膨胀		E75
		惯性力		E49
		磁性液体		E17
		爆炸		E5
		电液压冲压，电水压震扰		E29
		渗透		E77
F13	控制摩擦力	约翰逊-拉别克效应		E96
		振动		E98
		低摩阻		E21
		金属覆层滑润剂		E59
F14	解体物体	放电	火花放电	E53
			电晕放电	E31
			电弧	E25
		电液压冲压，电水压震扰		E29
		弹性波		E19
		共振		E47
		驻波		E99
		振动		E98
		气穴现象		E69
F15	积蓄机械能与热能	弹性变形		E85
		惯性力		E49
		一级相变		E94
		一级相变		E36
F16	传递能量	对于机械能	形变	E85
			弹性波	E19
			共振	E47
			驻波	E99
			振动	E98
			爆炸	E5
			电液压冲压，电水压震扰	E29

功能代码	实现的功能	TRIZ 推荐的科学效应和现象		科学效应和现象序号
F16	传递能量	对于热能	热电子发射	E72
			对流	E34
			金热传导	E70
		对于辐射	反射	E41
		对于电能	电磁感应	E24
			超导性	E12
F17	建立移动的物体和固定的物体之间的交互作用	电磁场		E23
		电磁感应		E24
F18	测量物体的尺寸	标记	起电	E68
			发光	E37
			发光体	E38
		磁性材料		E16
		永久磁铁		E95
		共振		E47
F19	改变物体尺寸	热膨胀		E75
		形状记忆效应		E87
		形变		E85
		压电效应		E89
		磁弹性		E14
		压磁效应		E88
F20	检查表面状态和性质	放电	电晕放电	E31
			电弧	E25
			火花放电	E53
		反射		E41
		发光体		E38
		感光材料		E45
		光谱		E50
		放射现象		E43
F21	改变表面性质	摩擦力		E66
		吸附作用		E83
		扩散		E62
		包辛格效应		E4

续表五

功能代码	实现的功能	TRIZ 推荐的科学效应和现象		科学效应和现象序号
F21	改变表面性质	放电	电晕放电	E31
			电弧	E25
			火花放电	E53
		弹性波		E19
		共振		E47
		驻波		E99
		振动		E98
		光谱		E50
F22	检查物体容量的状态和特征	引入容易探测的标志	标记物	E6
			发光	E37
			发光体	E38
			磁性材料	E16
			永久磁铁	E95
		测量电阻值	电阻	E33
		反射和放射线	反射	E41
			折射	E97
			发光体	E38
			感光材料	E45
			光谱	E50
			放射现象	E43
			X 射线	E1
		电-磁-光现象	电-光和磁-光现象	E27
			固体(场致、电致)发光	E48
			居里效应(居里点)	E60
			巴克豪森效应	E3
			霍普金森效应	E55
			共振	E47
			霍尔效应	E54
F23	改变物体空间性质	磁性液体		E17
		磁性材料		E16
		永久磁铁		E95
		冷却		E63

功能代码	实现的功能	TRIZ 推荐的科学效应和现象		科学效应和现象序号
F23	改变物体空间性质	加热		E56
		一级相变		E94
		二级相变		E36
		电离		E28
		光谱		E50
		放射现象		E43
		X 射线		El
		形变		E85
		扩散		E62
		电场		E22
		磁场		E13
		珀耳帖效应		E67
		热电现象		E71
		包辛格效应		E4
		汤姆逊效应		E80
		热电子发射		E72
		居里效应(居里点)		E60
		固体(场致、电致)发光		E48
		电-光和磁-光现象		E27
		气穴现象		E69
		光生伏打效应		E51
F24	形成要求的结构,稳定物体结构	弹性波		E19
		共振		E47
		驻波		E99
		振动		E98
		磁场		E13
		一级相变		E94
		二级相变		E36
		气穴现象		E69
F25	探视电场和磁场	渗透		E77
		带电放电	电晕放电	E31
			电弧	E25
			火花放电	E53

续表七

功能代码	实现的功能	TRIZ 推荐的科学效应和现象		科学效应和现象序号
F25	探视电场和磁场	压电效应		E89
		磁弹性		E14
		压磁效应		E88
		驻极体，电介体		E100
		固体(场致、电致)发光		E48
		电-光和磁-光现象		E27
		巴克豪森效应		E3
		霍普金森效应		E55
		霍尔效应		E54
F26	探测辐射	热膨胀		E75
		热双金属片		E76
		发光体		E38
		感光材料		E45
		光谱		E50
		放射现象		E43
		反射		E41
		光生伏打效应		E51
F27	产生辐射	放电	电晕放电	E31
			电弧	E25
			火花放电	E53
		发光		E37
		发光体		E38
		固体(场致、电致)发光		E48
		电-光和磁-光现象		E27
		耿氏效应		E46
F28	控制电磁场	电阻		E33
		磁性材料		E16
		反射		E41
		形状		E86
		表面		E7
		表面粗糙度		E8

续表八

功能代码	实现的功能	TRIZ 推荐的科学效应和现象	科学效应和现象序号
F29	控制光	反射	E41
		折射	E97
		吸收	E84
		发射聚焦	E39
		固体(场致、电致)发光	E48
		电-光和磁-光现象	E27
		法拉第效应	E40
		克尔现象	E61
		耿氏效应	E46
F30	产生及加强化学变化	弹性波	E19
		共振	E47
		驻波	E99
		振动	E98
		气穴现象	E69
		光谱	E50
		放射现象	E43
		X 射线	E1
		放电	E42
		电晕放电	E31
		电弧	E25
		火花放电	E53
		爆炸	E5
		电液压冲压，电水压震扰	E29

8.3 科学效应和现象的应用步骤

当我们设计一个新技术系统时，为了将两个技术过程连接在一起，就需要找到一个"纽带"。虽然我们清楚地知道这个"纽带"应该具备什么样的功能，但是却不知道这个"纽带"到底应该是什么。此时，我们就可以到科学效应库中，利用"纽带"所应该具备的功能来查找相应的科学效应。

当我们对现有技术系统进行改造时，往往希望将那些不能满足要求的组件替换掉。此时，由于该组件的功能是明确的，所以我们可以将该组件所承担的功能作为目标，到科学效应库中查找相应的科学效应。

表 8.1 列出了可以实现技术创新的 30 种功能及其对应的 100 个科学效应和现象，我们可以利用此表解决技术创新中遇到的问题。应用科学效应和现象解决问题时，一般有如下 5 个步骤：

(1) 首先根据问题的实际情况，定义解决此问题所需要的功能。

(2) 根据功能代码表(见表 8.1)，确定与此功能相对应的代码。

(3) 从科学效应表(见表 8.1)中查找此功能代码，得到 TRIZ 所推荐的科学效应。

(4) 对 TRIZ 推荐的多个科学效应逐一进行筛选，找到适合本问题的科学效应。

(5) 查找该科学效应的详细解释，并应用于问题的解决，形成解决方案。

例：在北方的冬季，输电线出现结冰现象。

(1) 问题分析：北方冬季寒冷，输电线结冰带来严重后果，必须及时清除电线上的冰雪。

(2) 确定功能：电线除冰，可以提高温度，使冰融化。为提高温度功能，查科学效应表(见表 8.1)，得到功能代码为 F3。

(3) 查找效应：查科学效应表(见表 8.1)中能提高温度的效应，包括传导、对流、电磁感应、热电介质、热电子、材料吸收辐射、物体的压缩等。

(4) 效应取舍：经过逐一分析，确定采用 E24(电磁感应)，在每隔一段距离的电线上安上一个铁磁体环，由电磁感应产生电流而产生热，从而加热电线，溶解冰雪。

(5) 最终解决方案：用电磁感应效应溶解电线上的冰雪。由于铁磁体环常年为电线加热，需结合铁磁性材料的居里点，低于 0℃时通电，高于 0℃时断电，以减少不必要的能源浪费。

科学效应和现象详解详见附录 3。

习题与思考题

1. 应用科学效应解决问题的流程和步骤是什么？
2. 为什么要建立科学效应库？
3. 如何应用科学效应库？

第9章 技术系统进化理论

阿奇舒勒对大量的工程系统和专利进行分析发现，技术系统总是遵循一定的客观规律在不断地进化、发展和变化，而且同一规律往往在不同的技术领域被反复应用，创新规律客观存在，不随人的意志而转移。任何领域产品的改进、技术的变革，都是有规律可循的。他指出："技术系统的变化不是随机的，而是遵循一定客观规律的，同生物系统的进化相比，技术系统也面临着自然选择、优胜劣汰。"阿奇舒勒对技术系统的创新发展规律进行了总结和抽象，提出了技术系统进化理论。

本章介绍阿奇舒勒提出的技术系统进化理论，主要包括技术系统进化曲线和八大技术系统进化法则。

9.1 技术系统进化曲线

阿奇舒勒发现技术系统的进化规律可以用一条 S 曲线来表示。S 曲线可以根据现有专利数量和发明级别等信息计算出来，所以 S 曲线比较客观地反映了技术系统进化的过程。通过分析 S 曲线有助于了解技术系统的成熟度，从而做出合理的研发决策。

9.1.1 技术系统进化 S 曲线

S 曲线描述了技术系统的一般发展规律，通过分析 S 曲线可以确定系统的发展阶段，为研发决策提供参考作用。

每个技术系统的进化，都要经历如图 9.1 中 S 曲线所示的四个阶段：婴儿期、成长期、成熟期和衰退期。S 曲线完整地描述了一个技术系统的生命周期。

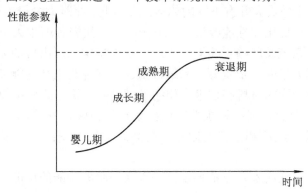

图 9.1 S 曲线变化规律

S 曲线是一条完整地描述了一个技术系统从孕育、成长、成熟到衰退的变化规律的 S 型曲线。图 9.1 描述了一个技术系统中各性能参数的发展变化规律，横轴表示时间，纵轴表示系统的性能参数。

1. 婴儿期

新的技术系统刚刚诞生，虽然它能提供一些新的功能，但是系统本身存在着效率低、缺陷多、可靠性差等一系列问题。同时，由于大多数人对系统的未来发展心存疑虑，缺乏信心，人力、物力的投入均很乏力，因此这一阶段，系统的发展十分缓慢。

婴儿期的特征：当实现系统功能的原理出现后，系统也随之产生；新系统的各组成部分通常是从其他已有的系统中"借"来的，并不适应新系统的要求。效率低、可靠性差，缺乏人力、物力的投入，系统发展缓慢。

婴儿期的主要问题：缺乏资源；系统中存在一系列"瓶颈"问题；新系统的性能通常不如旧系统。

婴儿期的建议：充分利用已有技术系统中的部件和资源；与已有的其他先进系统或部件相结合；重点解决阻碍产品进入市场的瓶颈问题。

2. 成长期

在这个阶段，社会已经认识到新系统的价值和市场潜力，为系统的发展投入了大量的人力、物力和财力。因此，系统中存在的各种问题被很好地解决，效率和性能都有很大程度的提高，系统的市场前景很好，能吸引更多的投资，从而促进系统的高速发展。

成长期的特征：制约系统的主要"瓶颈"问题得到解决，系统的主要性能参数快速提升，产量迅速增加，成本降低；随着收益率的提高，投资额大幅增长；特定资源的引入使系统变得更有效。

成长期的特点：开始获利，进入不同的细分市场，系统及其部件会有些适度的改变，是产品生命周期中最好的阶段。

成长期的建议：首先将新产品推向市场，抢占先发优势；然后不断对新产品进行改进，不断推出基于该核心技术的性能更好的产品；到成长期结束要使其主要性能指标(性能参数、效率、可靠性等)基本达到最优。

3. 成熟期

系统发展到这一阶段，大量人力和财力的投入，使技术系统日臻完善，性能水平接近高限，所获得的利润达到最大并有下降的趋势。实际上，此时大量投入所产生的研究成果，大多是较低水平的系统优化和性能改进，有见识的一些投资者渐生去意。

成熟期的特征：系统发展趋于缓慢，生产量趋于稳定，新出现的矛盾会阻碍系统的进一步发展；系统消耗大量的特定资源；系统被附加一些与其主要功能完全不相关的附加功能；系统发展寄希望于新的材料和技术，如纳米材料；系统的改变主要是外在的变化。

系统发展趋于缓慢的原因：系统性能已接近自然极限，发展趋于缓慢；回报率/有害作用的比值快速增长；经济和法律的限制；超系统发生改变；新出现的矛盾阻碍系统的发展。

成熟期的建议：降低成本，改善外观；增添系统服务功能的可能性；简化系统，和其他系统或技术相结合。

4．衰退期

当应用于系统的技术发展到极限，继续发展很难有进一步的突破时，系统进入了衰退期。此时，该技术系统可能不再有需求或者将被新开发的技术系统所取代。新系统开始新的生命周期。

相同功能的新技术系统开始排挤老系统，系统带来的收益在下降。

衰退期出现的原因：新系统已经发展到第二阶段，迫使现有系统退出市场；超系统的改变导致对系统需求的降低；超系统的改变导致系统生存困难。

衰退期的建议：寻找新的领域，如体育、娱乐等；重点投入资金寻找，选择和研究能够进一步提高产品性能的替代技术。

9.1.2　S 曲线族

当一个技术系统进化到一定程度时，原有的研发极限被突破，必然会出现一个新的技术系统代替它，即现有技术替代老技术，新技术又替代现有技术，形成技术的交替。新的技术系统又会产生一个更高的 S 曲线，不断地替代，形成 S 曲线族。如图 9.2 所示。

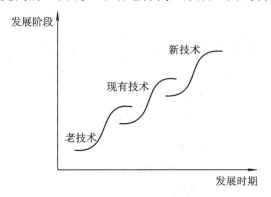

图 9.2　技术系统 S 曲线

S 曲线族不仅可以用做一个历史时期内的某项技术发展变化的预测，也可以用来对某一时刻的多项技术进行综合评估，可以帮助技术决策者采取不同的、更有针对性的产品研发策略。

9.1.3　S 曲线的作用

分析 S 曲线有助于了解技术系统的成熟度，辅助企业做出适当的研发决策。

S 曲线是可以根据现有专利数量和发明级别等信息计算出来的，所以比较客观地反映了系统的进化进程。对于企业研发决策来说，值得注意的具有指导意义的是 S 曲线上的拐点。假设某企业正在研发某产品，在第一个拐点出现时，该企业应从对当前产品所做的原理实现的研究开始转入产品化开发，否则该企业会被其他已经恰当转入商品化的同类企业甩在后面；当出现第二个拐点后，说明产品的技术已经进入成熟期，该企业因为生产该类产品获得了丰厚的利润，但同时要继续研究和优化当前产品核心技术，并着手选择更新一代的核心技术，以便将来在适当的机会进入下一轮的竞争。

在成熟期，企业要有大量的研发投入，但如果技术已经相当成熟，推进技术更为成熟的投入已经不会取得明显的收益，与本项技术相关的专利数量已经趋于零，那么此时企业应及时转入研究开发下一代核心技术，选择替代技术或新的核心技术。

如果企业打算引进国外的某项产品或技术，利用 S 曲线评估是非常客观的，如果经过分析计算引进产品的性能指标已经处于 S 曲线的成熟阶段后期，即将进入衰退阶段，那么这种引进肯定不恰当，有可能出现引进即落后、即被淘汰的现象。

S 曲线理论是企业制定战略的重要参考尺度，如表 9.1 所示。

表 9.1　利用 S 曲线制定企业战略

产品技术成熟度	企业技术战略	创新战略
婴儿期	评估该技术的功能能力，如果优于现有技术，分析技术转化为产品的主要障碍，投入资金进行攻关，尽快实现技术产品化，争取尽快推向市场，抢占技术领先优势	局部创新
成长期	首先将新产品推向市场，抢占先发优势，然后不断对新产品进行改进，不断推出基于该核心技术的性能更好的产品，到成长期结束要使其主要性能指标(性能参数、效率、可靠性等)基本达到最优	局部创新
成熟期	改进工艺、材料和外观，尽快使成本降到最低，这个时期的利润主要靠市场营销手段来获取。同时必须投入资金跟踪或探索可能的替代技术，判断新技术的技术成熟度，采取相应对策	局部创新和系统创新
衰退期	重点投入资金寻找，选择和研究能够进一步提高产品性能的替代技术	系统创新

综上所述，分析 S 曲线可以帮企业做到：评估系统现有技术的成熟度；有利于合理的研发投入和分配；帮助企业决策者做出正确的研发与引进决策。

9.2　技术系统进化法则与模式

技术系统进化法则是为提高自身有用功能，技术系统从一种状态过渡到另一种状态时，系统内部组件之间、系统组件与外界环境间本质关系的体现，主要体现了技术系统在实现其相应功能的过程中，技术系统计划和发展的趋势。在经典 TRIZ 中，有八大技术系统进化法则：完备性法则、能量传递法则、协调性法则、动态性法则、子系统不均衡进化法则、向超系统进化法则、向微观级进化法则和提高理想度法则。

9.2.1　完备性法则

完备性法则是指系统为实现功能必须具备保障最低工作能力的基本组成要素和基本联系。要实现某项功能，一个完整的技术系统必须包含以下四个部件：动力装置、传输装置、执行装置和控制装置，如图 9.3 所示。

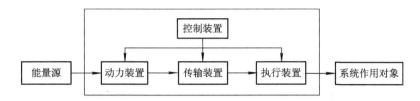

图 9.3 完整的技术系统完备性分析

执行装置是对系统作用对象实施功能，常称为"工具"；传输装置把能量或场传递给执行装置。动力装置从能量源获取能量，转化为系统所需的能源；控制装置控制其他组件如何协调，以实现功能。

完备性法则包含两层意思：

(1) 系统如缺少其中的任一部分，就不能成为一个完整的技术系统。

(2) 如果系统中的任一部分失效，整个技术系统也无法幸存。

完备性法则有助于确定实现所需技术功能的方法并节约资源。利用这一法则，可对效率低下的技术系统进行简化。

1. 技术系统完备性分析

实例 1：自行车。

系统名称：自行车；

功能：运输；

系统作用对象：人。

自行车技术系统完备性分析如图 9.4 所示。

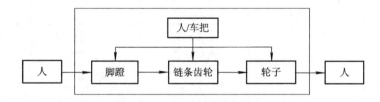

图 9.4 自行车技术系统完备性分析

实例 2：帆船。

系统名称：帆船；

功能：运输；

系统作用对象：货物。

帆船技术系统完备性分析如图 9.5 所示。

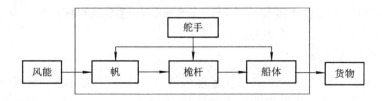

图 9.5 帆船技术系统完备性分析

实例 3：水磨坊。

系统名称：水磨坊；

功能：研磨；

系统作用对象：谷物。

水磨坊技术系统完备性分析如图 9.6 所示。

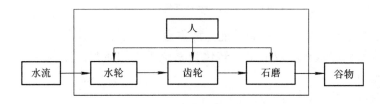

图 9.6　帆船技术系统完备性分析

2．完备性进化法则建议

(1) 新的技术系统经常没有足够的能力去独立地实现主要功能，所以依赖超系统提供的资源。

(2) 随着技术系统的发展，系统逐渐获得需要的资源，自己提供主要的功能。

技术系统完备性进化阶段如表 9.2 所示。

表 9.2　技术系统完备性进化阶段

系统分类	第一阶段	第二阶段	第三阶段	第四阶段
超系统	控制装置 动力装置 传输装置	控制装置 动力装置	控制装置	
技术系统	执行装置	传输装置 执行装置	动力装置 传输装置 执行装置	控制装置 动力装置 传输装置 执行装置

一个完整的技术系统必须包含动力装置、传输装置、执行装置和控制装置。通过技术系统的完备性法则可以判断现有的技术系统是否完善。技术系统的进化方向是系统不断自我完善，减少人的参与，以提高效率。

9.2.2　能量传递法则

能量传递法则是指只有当能量从能量源流向所有元件时，技术系统才能完全实现功能。如果技术系统中的某个元件不能接收能量，那么该元件就不能发挥作用，从而导致整个系统完全丧失功能或只能执行部分功能。

1．能量传递法则内涵

(1) 技术系统要实现其功能，必须保证能量能够从能量源流向技术系统的所有元件。

(2) 技术系统的进化应该沿着能量流动路径缩短的方向发展，以减少损失。

如用手摇绞肉机替代菜刀，刀片的旋转运动代替了菜刀的垂直运动，能量传递路径缩短了，能量损失随之减少，因而提高了效率。

很好地掌握能量传递法则，有助于减少技术系统的能量损失，保证其在特定的阶段保持最高效率。

2．减少能量损失的途径

(1) 缩短能量传递路径，减少传递过程中的能量损失。

(2) 最好用一种能量（或场）贯穿于系统的整个工作过程，以减少能量形式转换导致的能量损失。

(3) 如果系统组件可以更换，那么将不易控制的场更换为容易控制的场，即机械场→声场→热场→化学场→电场→磁场/电磁场。

实例：火车的发展。

最早的火车是蒸汽机车，其依靠燃料燃烧产生热量，并通过加热锅炉中的水产生水蒸气对活塞产生压力，最终推动机车引擎做功。可见，蒸汽机车的能量是沿着"化学能→热能→压力能→机械能"的路径传递的，这种火车的能量传递效率在 5%～15%。

随后出现的内燃机车，直接通过燃烧放热使空气迅速膨胀的方式对活塞产生压力，从而推动机车引擎做功。这样，机车的能量传递路径缩减为"化学能→压力能→机械能"，使其能量传递效率提高到了 30%～50%。

电力机车通过电能和电机进一步缩短了机车的能量传递路径，此时，能量沿"电能→机械能"的路径传递，能量传递效率高达 65%～85%。

9.2.3　协调性法则

协调性法则是指技术系统沿着整个系统中各个子系统互相更协调，且与超系统更协调的方向进化发展。也就是说，系统的各个部件需要在保持协调的前提下，充分发挥各自的功能。

协调性法则是技术系统充分发挥功能的必要条件之一。协调各部分工作，可以节约资源、提高效率。

子系统的协调性可以表现为结构上的协调、性能参数上的协调和工作节奏上的协调。

协调性法则的进化路线包括形状协调、频率协调和材料协调。

(1) 形状协调：各子系统之间，以及子系统与超系统之间的形状要相互协调。

① 进化路线 1：相同形状→自兼容形状→兼容形状→特殊形状。

② 进化路线 2：表面形状进化，平滑表面→带有凸起的表面→粗糙表面→带有活性物质的表面。

实例：方向盘，光滑表面→肋状突起→针点状粗糙表面→可制热表面。

③ 进化路线 3：内部结构进化，实心物体→物体内部中空→内部多孔结构→毛细结构→动态内部结构。

实例：汽车保险杠，实心缓冲器→中空缓冲器→蜂窝状结构→毛细结构→带有气囊结构。

④ 进化路线 4：几何形状进化，点→线→面→体；直线→2D→3D→复杂线；平面→

曲面→双曲面→复杂面。

(2) 频率协调。

① 进化路线 1：单个物体，连续运动→脉冲→周期性作用→增加频率→共振。

实例：钻头进化。

② 进化路线 2：多个物体，节奏不匹配→节奏一致→共振→复杂相变→利用动作间隙。

(3) 材料协调。

进化路线：相同材料→相似材料→惰性材料→可变特性材料→相反特性材料。

9.2.4　动态性法则

动态性法则是指技术系统的进化应该朝着结构预想性、可移动性、可控性增加的方向发展，以适应环境状况或执行方式的变化。掌握了动态性进化法则，有助于提高技术系统的适应性，指导我们花费很小的代价而取得高度通用性、适应性及可控性的技术系统。

动态性法则包括三个子法则：

(1) 提高柔性法则。技术系统沿着系统整体结构柔性增强的方向进化发展，即原有技术系统的刚性降低，变得更加易于弯曲、折叠，是创新设计的一个方向。

进化路线：刚体系统→单铰链系统→多铰链系统→柔性系统→场连接系统。

其中，"刚体系统"表示技术系统的整体与各子系统间、子系统间的联系都是刚体，不能发生任何形态上的变化；"单铰链系统"表示技术系统可以在某一固定点处发生弯折，其余部分仍为刚体；"多铰链系统"表示技术系统可以在多个固定点处发生弯折，点与点之间的连接为刚体；"柔性系统"表示技术系统的刚体成分大为缩减，可以在任何位置发生弯折；"场连接系统"表示技术系统内部子系统间不许通过有形的介质进行联系，但可通过无形的场来交换物质、能量、信息等要素。

实例：电脑键盘的进化。

(2) 提高可移动性法则：技术系统的进化应该沿着系统整体可移动性增强的方向发展，即技术系统可动的部位不断增多，移动的范围不断扩大，移动的速率不断提高。

进化路线：不可动系统→部分可动系统→高度可动系统→整体可动系统。

其中，"不可动系统"表示系统整体、各个子系统都是基本固定的，无法移动；"部分可动系统"表示技术系统的部分子系统可以移动，但在移动的过程中保证原有功能的实现；"高度可动系统"表示技术系统所包含的大多数子系统可以移动，但整体的可移动性依然较低；"整体可动系统"表示技术系统整体能够在一定范围内自由移动，其适应性得到显著提升。

实例：电话的进化。

(3) 提高可控性法则。技术系统的进化将沿着技术系统内各部件可控性增加的方向发展，即技术系统依靠自身控制的能力逐渐提高，而受超系统直接控制的依赖性逐渐降低。

进化路线：直接控制→间接控制→反馈控制→自动控制。

其中，"直接控制"是指技术系统的控制活动受人、自然等超系统的直接影响；"间接控制"是指超系统通过作用于技术系统本身的控制装置间接对技术系统发出指令；"反馈控制"是指技术系统的控制装置可以感知外界环境的变化并对系统本身发出行动与否指令；"自动控制"是指技术系统不仅可以做出行动与否的指令，还可以控制该行动的幅度，从而使行动结果更加符合新的环境。

实例：路灯控制系统的进化。

9.2.5　子系统不均衡进化法则

子系统不均衡进化法则是指构成系统的各个子系统的进化过程存在差异。每个技术系统都是由多个实现不同功能的子系统组成的，而每个子系统的进化是不均匀的。子系统不均匀法则是指：

(1) 任何技术系统所包含的各个子系统都是同步、均匀进化的，每个子系统都是沿着自己的发展曲线向前发展的。

(2) 这种不均匀的变化经常会导致子系统出现矛盾。

(3) 整个技术系统的进化速度取决于系统中发展最慢的子系统的进化速度。改进进化最慢的子系统，就能提高整个系统的性能。

只有当各子系统相互协调时，整体系统才能发挥最大的功能，而不一致的进化路线造成各子系统的非均衡进化，进而导致性能参数参差不齐，影响了系统的协调性。此时，为使系统实现新的协调，参数较高的子系统在运行过程中只能根据参数最低子系统的运行水平发挥相应的功能，这使得大部分子系统的功能闲置，也使得系统的整体功能受限于参数最低的子系统，正如"木桶理论"，即"一只水桶盛水的多少，并不取决于桶壁上最长的那块木块，而恰恰取决于桶壁上最短的那块"。

通常，设计人员容易犯的错误是花费精力专注于系统中已经比较理想的重要子系统，而忽略了木桶效应中的短板，结果导致系统的发展缓慢，因此一定要有全局的概念。掌握子系统的不均衡进化法则，可以帮助我们及时发现并改进系统中最不理想的子系统，从而提升整个系统的进化阶段。

实例：自行车的进化。

1790 年，法国人西夫拉克制作了一个由两个轮子、一块木头和一个马鞍组成的物体，这被认为是第一辆自行车，极大地便捷了城市交通。

然而这种自行车的方向控制性能参数极低。无方向盘的车身设计，使得人们只能靠下车用手搬动车身才能改变方向，严重制约了自行车的实际行驶速度。且用脚蹬地驱动自行车的效率很低，面对泥泞积水的路面也容易弄脏鞋裤，故此时能量转换效率和适应性对自行车的普及具有重要影响。为此，1840 年英格兰人麦克米伦设计了自行车脚蹬，1861 年米肖父子将脚蹬置于前轮，增加两前轮的直径。后经 1869 年英国人雷诺的改良，自行车的车身得以轻量化，前轮直径也远远大于后轮。

改良后的自行车在稳定性上存在明显问题。巨大的车轮既不便于人们上车，也不便于人们控制方向，容易翻车。1886 年，英国人斯塔利在 1874 年罗松所设计带链条和链轮自行车的基础上，为自行车装上了前叉和车闸，同时选用了大小相同的车轮，并首次使用了橡胶车轮，还用钢管制成了菱形车架。这就是现代自行车的雏形。

此后，通过充气轮胎、菱形车架等设计，自行车的舒适性和安全性不断提高，出现了公路单车、旅游单车、山地单车等众多款式。

9.2.6 向超系统进化法则

向超系统进化法则是指技术系统沿着单系统、双系统、多系统的方向发展；当技术系统的进化达到极限时，实现某项功能的子系统会从系统中剥离，转移至超系统中成为超系统的一部分。

根据向超系统进化法则，技术系统可以在资源约束的条件下，通过系统合并增加功能或降低费用，从而提高整体价值。同时，部分子系统向超系统融合并得到改进，并使得原技术系统得以简化，还可通过与超系统组件合并获得大量资源。向超系统进化法则的进化路线包括系统参数差异增加、系统功能差异增加和集成深度增加。

1. 系统参数差异增加

参数差异增加是指随着技术系统的进化，相互合并的系统在实现相同或相似功能的情况下，系统参数差异不断增加，最终使整体系统存在实现相同功能的不同系统。

合并路径：相同系统合并→同类差异系统合并→同类竞争系统合并。

其中，"相同"表示参与合并的系统参数一致，"同类差异"表示参与合并的系统相似，但至少有一个参数不一致；"同类竞争"表示参与合并的系统功能相似，但特征和性质完全不同。

2. 系统功能差异增加

功能差异增加是指随着技术系统的进化，相互合并系统的功能差异不断增加，最终形成各系统功能互斥的整体系统。

合并路径：竞争系统合并→关联系统合并→不同系统合并→相反系统合并。

其中，"竞争"表示参与合并系统的主要功能相同；"关联"表示参与合并的系统针对同一对象、位于同一操作过程，或处于相同条件；"不同"表示参与合并系统的主要功能和特征互不相同；"相反系统"表示参与合并的系统具备相反或者互斥的功能。

3. 集成深度增加

集成深度增加是指随着技术系统的进化，相互合并的系统在维持和增强原有功能的基础上，其联系不断增加，结构不断精简。

合并路径：无连接→有连接→局部简化→完全简化。

其中，"无连接"表示参与合并的系统在整体系统中相互孤立，几乎不发生联系；"有连接"表示参与合并的系统在保持自身完整结构的基础上进行信息、能量等的交互；"局部简化"表示部分参与合并的系统在维持自身原有功能的前提下发生结构调整，从而共享资源、降低冗余；"完全简化"表示整体系统已经完成所有的"局部简化"，达到最简结构。

与 S 曲线结合起来看，当技术系统发展到 S 曲线描述的衰退期时，技术系统就应朝着向超系统进化的方向发展。

实例：帆船的进化(参数差异增加)。

欧洲人原来使用的一直都是"横帆"，即横向安置的方形帆，并通过增加桅杆数来增加航速，此时的欧洲帆船只能顺风前行。

到公元 6 世纪，受到阿拉伯人的影响，欧洲帆船部分桅杆上的帆由横帆替换成了比较容易操纵的三角帆，此时的欧洲帆船依然无法适应风向不定的海域。

到公元 13 世纪，欧洲人开始在船身上增加"纵帆"，利用分力、合力原理，实现"船驶八面风"，提高了帆船的适应性。

随着工业革命的兴起，蒸汽机开始不断普及，由此，诞生了帆与蒸汽机结合的"混合动力"帆船，大大提高了帆船的航行能力。

9.2.7　向微观级进化法则

向微观级进化法则是指技术系统的进化沿着减少其元件尺度的方向发展，即元件从最初的尺度向原子、基本粒子的尺度进化，同时能够更好地实现相同的功能。

根据向微观级进化法则，研发人员可以通过预测下一代技术系统的尺寸和适用范围进行针对性的开发，从而降低研发成本，提高研发成果的竞争力。

随着元件的微观化，技术系统的形态也不断地向微观级演化，并最终达到最理想的状态，即"功能俱全，结构消失"。

进化路线：整体→多个部分→粉末→液体→气体→场。

其中，"整体"是指能够完成目标功能的原始技术系统；随着元件尺寸的缩小，原始技术系统可以分解为"多个部分"，各部分都是能独立实现目标功能的子系统；随着元件尺寸的进一步缩小，技术系统的形态也进一步发生变化，从毫米级到微米级再到纳米级，从可见至不可见；最终，技术系统的形态结构将完全消失。

实例：灭鼠技术系统的进化。

最早，人们依靠人本身以及棍、棒等简单的工具捕杀老鼠，这就是原始的灭鼠技术系统，效率低下。随后，人们发明了鼠夹、鼠笼、鼠弓等工具进行器械灭鼠，这些工具可以被大量放置在老鼠出没之处，提高了灭鼠效率。随着科技，特别是化学的发展，人们研发出磷化锌、毒鼠磷等制作毒粉，柴油、敌鼠钠盐等制作毒液，氨水、漂白粉等制作毒气，用于大规模灭鼠。还有一种较为清洁环保的灭鼠技术系统——电子灭鼠器，利用电流将老鼠击晕或击死，一夜可灭鼠 10～100 只不等，效率极高。

事实上，灭鼠技术系统的本质不在于杀死老鼠，而在于营造不利于老鼠生存的环境。老鼠喜欢生活在脏乱差的环境中，依靠人们生活中废弃的有机物生存。另外，老鼠会通过孔、穴、洞、管道、门缝、下水道等窜入室内，并通过垂直的管道在楼层间上下窜动。因此，环境整洁、断绝老鼠移动通路的空间本身，即是最理想的灭鼠技术系统，这一系统在实现灭鼠的同时，也在最大程度上降低了灭鼠成本。

9.2.8　提高理想度法则

提高理想度法则是指技术系统沿着提高其理想度，向最理想系统的方向进化。理想的技术系统应该是不消耗能量，但是却能够实现所有必要的功能。

随着系统的进化，要提高其理想度，可以在不削弱系统主要功能的前提下，简化系统的某些组件或操作。提高理想度法则的进化路线包括简化子系统、简化操作和简化组件。

① 简化子系统：简化传输装置→简化动力装置→简化控制装置→简化执行装置。

实例 1：电弧焊→爆炸焊接，电弧被简化，由爆炸能替代，不需要加热就可以使不同的金属融合在一起。

实例 2：锡焊→铝热焊接，烙铁被完全简化，加热的功能传递给焊料，它可以自加热。

② 简化操作：修正功能的操作→辅助功能的操作→产生功能的操作。

实例：造纸，烘干是修正功能，将其简化掉，而使用气流干燥剂制作无尘纸。

③ 简化组件：完整的系统→去掉部分组件→部分简化的系统→完全简化的系统。

实例：子弹的进化，竹筒火枪→猎枪弹→来福枪弹→无壳弹。

提高理想度是技术系统发展的终极目标，其他的进化法则都是围绕这条法则进行的。

9.3 技术系统进化法则综合应用

9.3.1 技术成熟度预测

通过分析 S 曲线有助于了解技术系统的成熟度，从而做出合理的研发决策。

(1) 对处于婴儿期和成长期的技术、产品，应加大资金和人力的投入，对结构和参数进行优化，促使其尽快成熟，为企业带来利润。同时，应尽快申请专利保护技术。

(2) 对处于成熟期或衰退期的产品，应避免大量进行改进设计的投入或避免进入该产品领域，同时应关注于开发新的核心技术替代现有技术，推出新一代产品，保持可持续发展。

(3) 明确符合进化趋势的技术发展方向，避免错误投资。

(4) 基于技术系统的不均衡进化法则，定位系统中最需要改进的子系统，提高系统整体水平。

(5) 从超系统的角度定位技术、产品可能的进化模式。

9.3.2 新产品、新技术预测

根据八大技术系统进化法则可以对新产品、新技术进行预测，也可以参考以下流程和步骤进行预测：

(1) 分析系统功能、资源、最优理想解、矛盾。

(2) 选择一条技术系统进化路线，分析当前系统特征，确定当前系统目前所在位置。

(3) 按照步骤(2)中路线对应的趋势和方向，预测下一代产品和技术应具有的特征，寻找构思。

(4) 参照每个进化路线，依次对产品、技术执行步骤(2)、(3)，进行系统定位和预测。

(5) 将步骤(4)所得的所有构思集中组合，得到新一代产品技术概念。

(6) 尝试步骤(5)的概念，选择需要进行可行性研究的范围，列入产品规划。

9.3.3 专利布局战略

技术系统的进化法则可以有效地确定未来技术系统的发展趋势。S 曲线可以有效地预测产品和技术的成熟度，制作和分析 S 曲线，针对产品和技术所处的不同发展阶段，应用八大技术系统进化法则对企业的技术和产品进行专利布局。以市场为中心，开发市场并占领市场，取得市场竞争的有利地位，为企业谋得最大利益。

习题与思考题

1. 什么是 S 曲线？S 曲线有什么作用？
2. 八大系统进化法则包括哪些？
3. 请举 1~2 个提高理想度法则的例子。
4. 技术系统进化法则的作用是什么？
5. 请预测一下手机的未来技术发展方向。

附录1 矛盾矩阵表

附录2　40条发明原理

1. **分割(Segmentation)**

A. 将一个问题分解成相互独立的部分。

B. 使得问题易于分解。

C. 增加分裂或分割的程度。

2. **抽取(Extraction)**

抽取物体中关键部分(有害或有利)。

3. **局部质量(Location Quality)**

A. 将物体或环境的均匀结构变成不均匀结构。

B. 使组成物体的不同部分完成不同的功能。

C. 使组成物体的每一部分都最大限度地发挥作用(材料、性能、功能)。

4. **不对称(Asymmetry)**

A. 将物体的形状由对称变为不对称。

B. 如已对称则增加原有的不对称程度。

5. **合并/组合(Combining)**

A. 在空间上将相似的物体连接在一起。

B. 在时间上合并相似或相连物体。

6. **通用/普遍性(Universality)**

由一个物体完成多项功能。

7. **嵌套(Nesting)**

A. 按照次序将一个物体放在另一个物体内。

B. 让一个元件穿过另一个元件内。

8. **重量补偿/互消(Counterweight)**

A. 为了补偿一个物体的重量，和其他物体混合以便能提升。

B. 为了补偿物体的重量，让它和环境相互作用(例如空气动力、水力、浮力或其他力)。

9. **预加反作用(Prior Counteraction)**

A. 如果一个操作必定产生有害作用，应施加反操作以抵消(控制)有害作用的影响。

B. 在以后要产生拉力的部位，预先在物体上产生压力。

C．预留收缩量、预留材料损失量。

10．预操作(Preliminary Action)

A．操作前预先使物体的局部或全部发生所需变化。

B．预先对物体进行特殊安排。

11．预先防范(Beforehand Cushioning)

采用选先准备好的应急措施补偿物体相对较低的可靠性。

12．等势性(Equipotentiality)

在潜在的领域里限制其位置改变，使工作过程中的对象不需要被升高或降低。

13．反向(Inversion)

A．将一个问题中所规定的操作改为相反操作。

B．使物体中的运动部分静止，静止部分运动。

C．将物体(或过程)颠倒。

14．曲面化(Spheroidality-Curvature)

A．不运用直线或平面部件，而运用曲线或曲面代替。将平面变成球面，将立方体变为球形结构。

B．运用滚筒、球或螺旋结构。

C．利用离心力将线性运动变成旋转运动。

15．动态化(Dynamics)

A．允许将物体、外部环境或过程的性质改变到最优或最佳操作条件。

B．将物体分离成相互间能相对运动的元件。

C．如果物体(或过程)是刚性的或不柔韧的，使其可移。

16．未达到或过度作用(Partial or Excessive Actions)

如果运用给定解法物体的全部功能很难实现，那么通过同样的方法"增加一点"或"减少一点"，也许能获得相对来说较为容易的解法。

17．维数变化(Moving to a New Dimension)

A．在二维或三维空间移动物体。

B．对物体运用多种排列而不是单一排列。

C．将物体一边平放使其倾斜或改变其方向。

D．用给定区域的反面。

18．机械振动(Mechanical Vibration)

A．让一个物体振动。

B．增加振动频率(甚至达到超音速)。

C．运用物体的共振频率。

D．运用压电振动器而不是机械振动器。

E．运用超声波和电磁振动。

19．周期性作用(Periodic Action)

A．运用周期运动而不是连续运动。

B．如果已经是周期运动，则改变其运动频率。

C．在两个物脉动的运动之间增加脉动。

20．有效作用的连续性(Continuity of Useful Action)

A．连续工作，使物体的所有元件同时满负荷工作。

B．消除所有空闲或间歇。

C．用旋转运动代替往复运动。

21．减少有害作用的时间(Rushing Through)

以最快的动作完成有害的操作。

22．变害为益(Convert Harm into Benefit)

A．运用有害因素，特别是对环境或外界有害的因素，以获得有益效果。

B．通过加另一个有害行为以消除预先的有害行为来解决问题。

C．两有害相结合消除有害。

23．反馈(Feedback)

A．引入反馈以改进操作或行为。

B．如果已经有反馈了，就改变反馈控制信号的大小或灵敏度。

24．借助中介物(Mediator)

A．使用中介物传递某一物体或某一种中间过程。

B．将一容易移动的物体与另一物体暂时接合。

25．自服务(Self-service)

A．通过附加功能物体产生自我服务的功能。

B．利用废弃的材料、能量和物质。

26．复制(Copying)

A．用简单和便宜的复制件，而不用不易获得的、昂贵的、易碎的或不易操作的物体。

B．用光学复印件代替物体或过程。

C．如果已有光学复印件，则改用红外线或紫外线复印件。

27．低成本替代(Dispose)

用一些低成本、不耐用物体代替昂贵、耐用物体。

28．机械系统替代(Replacement of Mechanical Systems)

A．用视觉、听觉、嗅觉系统代替部分机械系统。

B．用电场、磁场等完成物体的相互作用。

C．将固定场变为移动场，将静态场变为动态场。

D．将铁磁粒子用于场的作用之中。

29．气动与液压结构(Pneumatics and Hydraulics)

物体的固体零部件可用气动与液压结构代替。

30．柔性壳体或薄膜(Flexible Shells and Thin Films)

A．用柔性壳体或薄膜代替传统结构。

B．使用柔性壳体或薄膜将物体与环境隔离。

31．多孔材料(Porous Materials)

A．使物体多孔或通过插入、涂层等增加多孔元素。

B．如物体已多孔，则用这些孔引入有用物质。

32．改变颜色(Color Changes)

A．改变物体或外部环境的颜色。

B．改变物体或其外界环境的透明度。

C．采用有颜色的添加剂或发光剂。

33．同质性(Homogeneity)

采用相同或相似的物质制造与某物体相互作用的物体。

34．抛弃或再生(Discarding and Recovering)

A．当一物体完成功能无用时，抛弃或修改。

B．立即恢复一个物体中所损耗的部分。

35．物理化学参数变化(Transformation of Properties)

A．物体物理状态在气态/液态/固态间变化。

B．改变浓度或密度。

C．改变物体的柔度。

D．改变温度。

E．其他参数。

36．相态转变(Phase Transitions)

在物质相位变换期间运用现象的改变，例如：体积改变、热量损失或吸收等。

37．热膨胀(Thermal Expansion)

A．利用材料的热膨胀或热收缩性质。

B．如果已经运用了热膨胀，就使用不同的热膨胀系数的多种材料。

38．强氧化(Strong Oxidants)

A．用富氧空气代替普通空气。

B．用纯氧气取代富氧空气。

C．暴露在空气或氧气下，以便离子辐射。

D．利用氧离子。

E．用臭氧代替氧离子。

39．惰性环境(Inert Atmosphere)

A．用惰性环境代替通常环境。

B．在某一物体中添加中性元件或惰性物质

40．复合材料(Composite Material)

将物质的单一材料改为复合材料。

附录 3　科学效应和现象详解

1．X 射线(X-Rays)

波长介于紫外线和 γ 射线之间的电磁辐射称为 X 射线。由德国物理学家 W. K. 伦琴于 1895 年发现，故又称伦琴射线。波长小于 0.1 埃的称超硬 X 射线，波长为 0.1～1 埃的称硬 X 射线，波长为 1～10 埃的称软 X 射线。

X 射线具有很强的穿透力，医学上常用作透视检查，工业中用来探伤，长期受 X 射线辐射对人体有伤害。X 射线可激发荧光，使气体电离，使感光乳胶感光，故 X 射线可用于电离计、闪光计数器和感光乳胶片等检测。晶体的点阵结构对 X 射线可产生显著的衍射作用，X 射线衍射法已成为研究晶体结构、形貌和各种缺陷的重要手段。

2．安培力(Ampere's Force)

安培力是指磁场对电流的作用力(F)。一段通电直导线放在磁场中，通电导线所受力的大小和导线的长度(L)、导线中的电流强度(I)、磁感应强度(B)，以及电流方向和磁场方向之间的夹角(θ)的正弦成正比，即 $F = KLIB \sin\theta$。

3．巴克豪森效应(Barkhsusen Effect)

1919 年，巴克豪森发现铁的磁化过程的不连续性，铁磁性物质在外场中磁化实质上是它的磁畴存在逐渐变化的过程，与外场同向的磁畴不断扩大，不同向的磁畴逐渐减小。在磁化曲线的最陡区域，磁畴的移动会出现跃变，尤其硬磁材料更是如此。

当铁受到逐渐增强的磁场作用时，它的磁化强度不是平衡的而是以微小跳跃的方式增大的。发生跳跃时，会有噪声伴随着出现。如果通过扩音器把它们放大，就会听到一连串的"咔嗒"声，这就是巴克豪森效应。后来，当人们认识到铁是一系列小区域组成，而在每个小区域内，所有的微小原子磁体都是同向排列的，巴克豪森效应才最后得到证明。每个独立的小区域，都是一个很强的磁体，但由于各个磁畴的磁性彼此抵消，所以普通的铁显示不出磁性。但是当这些磁畴受到一个强磁场作用时，它们会同向排列起来，于是铁便成为磁体。在同向排列的过程中，相邻的两个磁畴彼此摩擦并发生振动，噪声就是这样产生的。只有所谓铁磁物质才具有这种磁畴结构，也就是说，这些物质具有形成强磁体的能力，其中以铁表现得最为显著。

4．包辛格效应(Baoshinger Effect)

包辛格效应就是指原先经过变形，然后在反向加载时弹性极限或屈服强度降低的现象，特别是弹性极限在反向加载时几乎下降到零，这说明在反向加载时塑性变形立即开始了。包辛格效应在理论上和实际上都有其重要意义。在理论上由于它是金属变形时长程内应力的度量(长程内应力的大小可用 X 光方法测量)，包辛格效应可用来研究材料加工硬化的机制。工程应用上，首先是材料加工成型需要考虑包辛格效应。包辛格效应大的材料，内应力较大。

包辛格效应分直接包辛格效应及包辛格逆效应。直接包辛格效应指拉伸后钢材纵向压缩屈服强度小于纵向拉伸屈服强度；包辛格逆效应在相反的方向产生相反的结果。

5. 爆炸效应(Explosion)

爆炸指一个化学反应能不断地自我加速而在瞬间完成，并伴随有光的发射，系统温度瞬时达极大值和气体的压力急骤变化，以致形成冲击波等现象。爆炸可通过化学反应、放电、激光束效应、核反应等方法获得。

爆炸力学是一门主要研究爆炸的发生和发展规律，以及对爆炸的力学效应的利用和防护的学科。爆炸力学从力学的角度研究化学爆炸、核爆炸、电爆炸、粒子束爆炸、高速碰撞等能量突然释放或急剧转化的过程，以及由此产生的强冲击波、高速流动、大变形和破坏、抛掷等效应。自然界的雷电、地震、火山爆发、陨石碰撞、星体爆炸等现象也可用爆炸力学方法来研究。

爆炸力学是流体力学、固体力学和物理学、化学之间的一门交叉学科，在武器研制、交通运输和水利建设、矿藏开发、机械加工、安全生产等方面有广泛的应用。

6. 标记物(Markers)

在材料中引入标记物，可以简化混合物中包含成分的辨别工作，而且使有标记物的运动和过程的追踪更加容易。可当作标记物的物质类型有：铁磁物质、普通的和发光的油漆、有强烈气味的物质等。

7. 表面(Surface)

物体的表面：用面积和状态来描述物体外表的性质或特性。表面状态确定了物体的大量特性和与其他物体交互作用时所呈现的本性。

8. 表面粗糙度(Surface Roughness)

零件表面无论加工得多么光滑，在放大镜或显微镜下进行观察，总会看到高低不平的状况，高起的部分称为峰，低凹的部分称为谷。加工表面上具有的较小间距峰谷所组成的微观几何形状特性称为表面粗糙度，又称表面光洁度。

表面粗糙度反映零件表面的光滑程度。零件各个表面的作用不同，所需的光滑程度也不一样。表面粗糙度是衡量零件质量的标准之一，对零件的配合、耐磨程度、抗疲劳强度、抗腐蚀性、外观等都有影响。最常用的表面粗糙度参数是轮廓算术平均偏差(记作 Ra)。

9. 波的干涉(Wave Interference)

由两个或两个以上的波源发出的具有相同频率，相同振动方向和恒定的相位差的波在空间叠加时，在叠加区的不同地方振动加强或减弱的现象，称为波的干涉。符合上列条件的波源叫做相干波源，它们发出的波叫做相干波，这是波的叠加中最简单的情况。两个相干波叠加后，在叠加区内每一位置有确定的振幅。在有些位置上，振幅等于两波分别引起的振动的振幅之和，这些位置的合振动最强，称为相长干涉；而有些位置的振幅等于两波分别引起的振动的振幅之差，这些位置上的合振动最弱，称为相消干涉。它是波的一个重要特性。在日常生活中最常见的是水波的干涉。利用电磁波的干涉，可作定向发射天线；利用光的干涉，可精确地进行长度测量等。

10. 伯努利定律(Bernoulli's Law)

伯努利定律：理想液体作稳定流动时的能量守恒定律。在密封管道内流动的理想液体具有 3 种能量：压力能、动能和势能，它们可以互相转变，并且液体在管道内的任一处，这 3 种能量总和是一定的。

由以上定律得出的伯努利方程式：

$$\frac{P_1}{\gamma} + \frac{V^2}{2g} + h = 常数$$

式中：p_1/r 为压力能；$V^2/2g$ 为动能；h 为势能。

又有公式：

$$V = \frac{Q}{A}$$

式中：V 为流速；Q 为流量；A 为截面积。

当流体的速度加快时，物体与流体接触的接口上的压力会减小，反之压力会增加。

11. 超导热开关(Superconducting Heat Switch)

超导热开关是一个用于低温下的装置，用于断开被冷却物体和冷源之间的连接。当工作温度远低于临界温度时，此装置充分发挥了超导体从常态到超导状态的转化过程中热导电率显著减少的特性(高达 10000 倍)。

热开关由一条连接样本和冷却器的细导线或钽丝组成(参见居里效应)。当电流通过缠绕线螺线管时会产生磁场，使超导性停止，让热流通过导线，就相当于开关处于"打开"；当移开磁场时，超导性就得到恢复，电线的热阻快速增加，换句话说，相当于开关处于"关闭"。

12. 超导性(Conductivity)

超导体是指在温度和磁场都小于一定数值的条件下，许多导电材料的电阻和体内磁感应强度都突然变为零的性质。具有超导性的物体叫做超导体。1911 年荷兰物理学家卡曼林·昂尼斯(1853—1926 年)首先发现汞在 4.1730 K 以下失去电阻的现象，并初次称之为超导性。现已知道，许多金属(如铟、锡、铝、钽、铌等)、合金(如铌-锆、铌-钛等)和化合物(如 Nb_3Sn、Nb_3Al 等)都是可具有超导性材料。物体从正常态过渡到超导态是一种相变，发生相变时的温度称为此超导体的转变温度(或临界温度)。现有的材料仅在很低的温度环境下才具有超导性，其中以 Nb_3Ge 薄膜的转变温度最高(23.20 K)。1933 年迈斯纳和奥森费耳德又共同发现金属处在超导态时其体内磁感应强度为零，即能把原来在其体内的磁场排挤出去，这个现象称为迈斯纳效应。当磁场达到一定强度时，超导性就将被破坏，这个磁场限值称为临界磁场。目前所发现的超导体有两类。第一类超导体只有一个临界磁场(约几百高斯)；第二类超导体有下临界磁场(Hc1)和上临界磁场(Hc2)。当外磁场达到 Hc1 时，第 2 类超导体内出现正常态和超导态相互混合的状态，只有当磁场增大到 Hc2 时，其体内的混合状态才能消失，从而转化为正常导体。现在已制备上临界磁场很高的超导材料(如 Nb_3Sn 的 Hc2 达 22 特斯拉，Nb_3Al 0.75 和 Nb_3Ge 0.25 的达 30 斯特拉)用以制造产生强磁场的超导磁体。超导体的应用目前正逐步发展为先进技术，用在加速器、发电机、电缆、储能器和交通运输设备及计算机方面。1962 年发现的超导隧道效应即约瑟夫逊效应，并已用于制造高精度的磁强计、电压标准、微波探测器等。近年来，中国、美国和日本在提高超导材料的转变温度上都取得了很大的进展。1987 年研制出 YBaCuO 体材料转变温度达到 90 K～1000 K，零电阻温度达 780 K。也就是说，过去必须在昂贵的液氢温度下才能获得超导性，而现在已能在廉价的液氮温度下获得。1988 年又研制出 CaSrBiCuO 体和 CaS-rTlCuO 体，使转变温度提高到 114 K～1150 K。近两三年来，我国在超导方面的工作正在突飞猛进。

高温超导：从超导现象被发现之后，科学家一直寻求在较高温度下具有超导电性的材料，然而到 1985 年所能达到的最高超导临界温度也不过 230 K，所用材料是 Nb_3Ge。1986 年 4 月，美国 IBM 公司的缪勒(K. A. Muller)和柏诺兹(J. G. Bednorz)博士宣布钡镧铜氧化物在 350K 时出现超导现象。1987 年超导材料的研究出现了划时代的进展。先是年初华裔美籍科学家朱经武、吴茂昆宣布制成了转变温度为 980 K 的钇钡铜氧超导材料，其后在 1987 年 2 月 24 日中科院的新闻发布会上宣布，物理所赵忠贤、陈立泉等 13 位科技人员制成了主要成分为钡、钇、铜、氧 4 种元素的钡基氧化物超导材料，其零电阻的温度为 78.50K。几乎同一时期，日本、苏联等科学家也获得了类似的成功。这样，科学家们就获得了液氮温度区的超导体，从而把人们认为到 2000 年才能实现的目标大大提前了。这一突破性的成功可能带来许多学科领域的革命，它将对电子工业和仪器设备产生重大影响，并为实现电能超导输送、数字电子学革命、大功率电磁铁和新一代粒子加速器的制造等提供实际的可能。目前，中国、美国、日本、俄罗斯等国家都正在大力开发高温超导体的研究工作。

13. 磁场(Magnetic Field)

在永磁体或电流周围所发生的力场，即凡是磁力所能达到的空间，或磁力作用的范围，叫做磁场。所以严格说来，磁场是没有一定界限的，只有强弱之分。与任何力场一样，磁场是能量的一种形式，它将一个物体的作用传递给另一个物体。磁场的存在表现在它的各个不同的作用中，最容易观察的是对场内所放置磁针的作用，力作用于磁针，使该磁针向一定方向旋转。自由旋转磁针在某一地方所处的方位表示磁场在该处的方向，即每一点的磁场方向都是朝着磁针的北极端所指的方向。如果我们想象有许许多多的小磁针，则这些小磁针将沿磁力线而排列，所谓的磁力线是在每一点上的方向都与此点的磁场方向相同。磁力线始于北极而终于南极，磁力线在磁极附近较密，故磁极附近的磁场最强。磁场的第二个作用便是对运动中的电荷所产生的力，此力始终与电荷的运动方向相垂直，与电荷的电量成正比。

磁场强度：表示磁场强弱和方向的矢量。由于磁场是电流或运动电荷引起的，而磁介质在磁场中发生的磁化对磁场也有影响。

磁力线：描述磁场分布情况的曲线。这些曲线上各点的切线方向，就是该点的磁场方向。曲线越密的地方表示磁场越强，曲线越稀的地方表示磁场越弱。磁力线永远是闭合的曲线，永磁体的磁力线可以认为是由 N 极开始，终止于 S 极。实际上永磁体的磁性起源于电子和原子核的运动，与电流的磁场没有本质上的区别，磁极只是一个抽象的概念，在考虑到永磁体内部的磁场时，磁力线仍然是闭合的。

14. 磁弹性(Magnetostriction)

磁弹性效应是指当弹性应力作用于铁磁材料时，铁磁体不但会产生弹性应变，还会产生磁致伸缩性质的应变，从而引起磁畴壁的位移，改变其自发磁化的方向。

15．磁力(Magnetic Force)

磁力是指磁场对电流、运动电荷和磁体的作用力。电流在磁场中所受的力由安培定律确定。运动电荷在磁场中所受的力就是洛仑兹力。但实际上磁体的磁性由分子电流所引起，所以磁极所受的磁力归根结底仍然是磁场对电流的作用力。这是磁力作用的本质。

16．磁性材料(Magnetic Materials)

任何物质在外磁场中都能够或多或少地被磁化，只是磁化的程度不同。根据物质在外磁场中表现出的特性，可将物质粗略地分为三类：顺磁性物质、抗磁性物质、铁磁性物质。

根据分子电流假说，物质在磁场中应该表现出大体相似的特性，但在此告诉人们物质在外磁场中的特性差别很大。这反映了分子电流假说的局限性。实际上，各种物质的微观结构是有差异的，这种物质结构的差异性正是物质磁性差异的原因导致的。

人们把顺磁性物质和抗磁性物质称为弱磁性物质，把铁磁性物质称为强磁性物质。通常所说的磁性材料是指强磁性物质。磁性材料按磁化后去磁的难易可分为软磁性材料和硬磁性材料。磁化后容易去掉磁性的物质叫软磁性材料，不容易去掉磁性的物质叫硬磁性材料。一般来说软磁性材料剩磁较小，硬磁性材料剩磁较大。

磁性材料按化学成分分，常见的有两大类：金属磁性材料和铁氧体。铁氧体是以氧化铁为主要成分的磁性氧化物。软磁性材料的剩磁弱，而且容易去磁，适用于需要反复磁化的场合，可以用来制造半导体收音机的天线磁棒、录音机的磁头、电子计算机中的记忆元件，以及变压器、交流发电机、电磁铁和各种高频元件的铁芯等。常见的金属软磁性材料有软铁、硅钢、镍铁合金等，常见的软磁铁氧体有锰锌铁氧体、镍锌铁氧体等。硬磁性材料的剩磁强，而且不易退磁，适合制成永磁体，应用在磁电式仪表、扬声器、话筒、永磁电机等电器设备中。常见的金属硬磁性材料有碳钢、钨钢、铝镍钴合金等，常见的硬磁铁氧体为钡铁氧体和锯铁氧体。

17．磁性液体(Magnetic Liquid)

磁性液体又称磁流体、铁磁流体或磁液，是由强磁性粒子、基液(也叫媒体)以及界面活性剂三者混合而成的一种稳定的胶状溶液。该液体在静态时无磁性吸引力，当外加磁场作用时，才表现出磁性。

为了使磁流体具有足够的电导率，需在高温和高速下，加上钾、铯等碱金属和微量碱金属的惰性气体(如氦、氩等)作为工质，以利用非平衡电离原理来提高电离度。

磁流体在电子、仪表、机械、化工、环境、医疗等行业领域都具有独特而广泛的应用。根据用途不同，可以选用不同基液的产品。

18．单相系统分离(Separation of Monophase Systems)

单相系统的分离是建立在化合物中各成分的不同物理、化学特性的基础上的，比如尺寸、电荷、分子活性、挥发性等。

分离通常通过热作用(蒸馏、精馏、升华、结晶、区域熔化)来获得，也可通过电场作用(电渗和电泳)来获得，或通过与物质一起的多相系统的生成来促进分离，比如熔剂、吸附剂和其他的分离法(抽出、分割、色谱法、使用半透膜和分子筛的分离法)。

19. 弹性波(Elastic Waves)

弹性波：弹性介质中物质粒子间有弹性相互作用，当某处物质粒子离开平衡位置，即发生应变时，该粒子在弹性力的作用下发生振动，同时又引起周围粒子的应变和振动，这样形成的振动在弹性介质中的传播过程称为弹性波。在液体和气体内部只能由压缩和膨胀而引起应力，所以液体和气体只能传递纵波。而固体内部能产生切应力，所以固体既能传播横波也能传播纵波。

纵波：亦称疏密波，指振动方向与波的传播方向一致的波。纵波的传播过程是沿着波前进的方向出现疏、密不同的部分。实质上，纵波的传播是由于媒质中各体元发生压缩和拉伸的变形，并产生使体元恢复原状的纵向弹性力而实现的。因此纵波只能在拉伸压缩的弹性的媒质中传播，一般的固体、液体、气体都具有拉伸和压缩弹性，所以它们都能传递纵波。声波在空气中传播时，由于空气微粒的振动方向与波的传播方向一致，所以声波是纵波。

横波：质点的振动方向与波的传播方向垂直的波。横波在传播过程中，凡是波传到的地方，每个质点都在自己的平衡位置附近振动。由于波以有限的速度向前传播，所以后开始振动的质点比先开始振动的质点在步调上要落后一段时间，即存在一个位相差。横波的传播，在外表上形成一种"波浪起伏"的现象，即形成波峰和波谷，传播的只是振动状态，媒质的质点并不随波前进。实质上，横波的传播是由于媒质内部发生剪切变形(即是媒质各层之间发生平行于这些层的相对移动)并产生使体元恢复原状的剪切弹性力而实现的。否则一个体元的振动，不会牵动附近体元也动起来，离开平衡位置的体元，也不会在弹性力的作用下回到平衡位置。固体有切变弹性，所以在固体中能传播横波。液体和气体没有切变弹性，因此只能传播纵波，而不能传播横波。液体表面形成的水波是由于重力和表面张力作用而形成的，表面每个质点振动的方向又不和波的传播方向保持垂直。严格说，在水表面的水波并不属于横波的范畴，因为水波与地震波都是既有横波又有纵波的复杂类型的机械波。为简单起见，有的书仍将水波列为横波。

声波：又称律音，具有单一的基频的声音。纯律音(或纯音)具有近似于单一的谐振波形，这种律音可由音叉产生。乐器则产生复杂的律音，它可以分解成一个基频以及一些较高频率的泛音。

次声波：又称亚声波，指低于 20 Hz，不能引起人的听觉的声波。它传播的速度和声波相同。在很多大自然的变化中，如地震、台风、海啸、火山爆发等过程都会有次声波发生。凡晕车、晕船，也都是受车、船运行时次声波的影响导致的。利用次声波亦可监视和检测大气变化。

超声波：声波频率高于20000 Hz，超过一般正常人听觉所能接收到的频率上限，不能引起耳感的声波。其频率通常在 2×10^4 Hz～5×10^8 Hz。它具有与声波一样的传播速度，因为超声波的频率高，波长短，所以它具有很多特性。由于它在液体和固体中的衰减比在空气中衰减小，因而穿透力大。超声波的定向性强，一般声波的波长大，在其传播过程中，极易发生衍射现象。而超声波的波长很短，就不易发生衍射现象，会像光波一样沿直线传播。当超声波遇到杂质时会产生反射，若遇到界面，则将产生折射现象。超声波的功率很大，能量容易集中，对物质能产生强大作用，可用来焊接、切削、钻孔、清洗机件等。在工业上被用来探伤、测厚、测定弹性模量等无损检测，以及研究物质的微观结构等；在医学上可用作临床探测，如用"B 超"测肝、胆、脾、肾等病症，或用来杀菌、治疗、诊断等；在航海、渔业方面，可用来导航、探测鱼群、测量海深等。超声波在各个领域都有广泛的应用。

波的反射：波由一种媒质达到与另一种媒质的分界面时，返回原媒质的现象。例如声波遇障碍物时的反射，它遵从反射定律。在同类媒质中由于媒质不均匀亦会使波返回到原来密度的介质中，即产生反射。

波的折射：波在传播过程中，由一种媒质进入另一种媒质时，传播方向发生偏折的现象。在同类媒质中，由于媒质本身不均匀，亦会使波的传播方向改变。此种现象也叫波的折射。它也遵从波的折射定律。

20．弹性形变(Elastic Deformation)

固体受外力作用而使各点间相对位置发生改变，当外力撤销后，固体又恢复原状，这种现象称为弹性形变。若撤去外力后，不能恢复原状，则称为塑性形变。因物体受力情况不同，在弹性限度内，弹性形变有四种基本类型：拉伸和压缩形变、切变、弯曲形变和扭转形变。可从原子间结合的角度来了解弹性形变的物理本质。

21．低摩阻(Low Friction)

研究者发现，在高度真空状态及暴露在高能量粒子发射下，摩擦力会下降且趋近于零。当关掉发射时，摩擦力会逐渐地增加。当发射再一次被打开时，摩擦力又消失了。这个现象一直困扰着科学家们，直至找到了一种解释才结束。

这个解释是：放射能量引起了固体表面的分子更自由的运动，从而减少了摩擦力。此解释引起了另一个既不需要放射也不需要真空而减少摩擦力的方案，那就是研究如何改变物体表面的成分以减少摩擦力。

22．电场(Electric Field)

存在于电荷周围，能传递电荷与电荷之间相互作用的物理场叫做电场。在电荷周围总有电场存在，同时电场对场中其他电荷发生力的作用。观察者相当于电荷静止时所观察到的场称为静电场。如果电荷相当于观察者运动时，则除静电场外，同时还有磁场出现。除了电荷可以引起电场外，变化的磁场也可以引起电场，前者为静电场，后者叫做涡旋场或感应电场。变化的磁场引起电场，所以运动电荷或电流之间的作用要通过电磁场来传递。

23．电磁场(Electromagnetic Field)

任何随时间而变化的电场，都要在邻近空间激发磁场，因而变化的电场总是和磁场的存在相联系。当电荷发生加速运动时，在其周围除了磁场之外，还有随时间而变化的电场。一般说来，随时间变化的电场也是时间的函数，因而它所激发的磁场也随时间变化。故充满变化电场的空间，同时也充满变化的磁场，二者互为因果，形成磁场。这说明，电场与磁场并不是两个可分离的实体，而是由它们形成了一个统一的物理实体。所以电与磁的交互作用不能说是分开的过程，仅能说是电磁交互作用的两种形态。电场和磁场之间存在着最紧密的联系，不仅磁场的任何变化伴随着电场的出现，而且电场的任何变化也伴随着磁场的出现。所以在电磁场内，电场可以不因为电荷而存在，而因为磁场的变化而产生，磁场也可以不因为电流的存在而存在，而因为电场变化而产生。

24. 电磁感应(Electromagnetic Induction)

因磁通量变化产生感应电动势的现象叫做电磁感应。1820 年 H.C.奥斯特发现电流磁效应后，许多物理学家便试图寻找它的逆效应，提出了磁能否产生电，磁能否对电作用的问题。1822 年 D.F.J.阿喇戈和 A.von.洪堡在测量地磁强度时，偶然发现金属对附近磁针的振荡有阻尼作用。1824 年，阿喇戈根据这个现象做了铜盘实验，发现转动的铜盘会带动上方自由悬挂的磁针旋转，但磁针的旋转与铜盘不同步，稍滞后。电磁阻尼和电磁驱动是最早发现的电磁感应现象，但由于没有直接表现为感应电流，当时未能予以说明。

1831 年 8 月，M.法拉第在软铁环两侧分别绕两个线圈，一个为闭合回路，在导线下端附近平行放置一磁针，另一个与电池组相连，接开关，形成有电源的闭合回路。实验发现，合上开关，磁针偏转；切断开关，磁针反向偏转，这表明在无电池组的线圈中出现了感应电流。法拉第立即意识到，这是一种非恒定的暂态效应。紧接着他做了几十个实验，把产生感应电流的情况概括为五类：变化的电流、变化的磁场、运动的恒定电流、运动的磁铁摩阻、磁场中运动的导体，并把这些现象正式定名为电磁感应。进而，法拉第发现，在相同条件下，不同金属导体回路中产生的感应电流与导体的导电能力成正比。他由此认识到感应电流是由与导体性质无关的感应电动势产生的，即使没有回路，也没有感应电流，感应电动势依然存在。

后来，人们给出了确定感应电流方向的楞次定律以及描述电磁感应定量规律的法拉第电磁感应定律。并按产生原因的不同，人们把感应电动势分为动生电动势和感生电动势两种，前者起源于洛仑兹力，后者起源于变化磁场产生的涡旋电场。

电磁感应现象是电磁学中最重大的发现之一，它显示了电、磁现象之间的相互联系和转化，对其本质的深入研究所揭示的电、磁场之间的联系，对麦克斯韦电磁场理论的建立具有重大意义。电磁感应现象在电工技术、电子技术以及电磁测量等方面都有广泛的应用。

25. 电弧(Electric Arc)

电弧是一种气体放电现象，即在电压的作用下，电流以点击穿产生等离子体的方式，通过空气等绝缘介质所产生的瞬间火花。

弧光放电：产生高温的气体放电现象，它能发射出耀眼的白光。弧光放电是在常压下发生的，并不需要很高的电压，但有很强的电流。例如，把两根碳棒或金属棒接于电压为数十伏的电路上，先使两棒的顶端相互接触，通过强大的电流，然后使两棒分开保持不大的距离，这时电流仍能通过空隙，而使两端间维持弧形白光，这种现象被称为电弧。维持电弧中强大电流所需的大量离子，主要是由电极上蒸发出来的。电弧可作为强光源(如弧光灯)、紫外线源(太阳灯)或强热源(电弧炉、电焊机等)。在高压开关电器中，由于触头分开而引起电弧，有烧毁触头的危害作用，必须采取措施，使之迅速熄灭。在加速器的离子源中，也有用弧光放电源。这种弧光放电机制是：电子从加热到白炽的阴极发射出来，在起弧电源的电场加速下，获得一定能量后与气体原子碰撞，产生激发与电离而引起的放电也称为弧放电。

26. 电介质(Dielectric)

电介质：不导电的物质，又叫绝缘体。组成电介质的原子或分子中的正负电荷束缚得很紧，在一般条件下不能相互分离，因此在电介质内部能作自由运动的电荷(电子)极少，电导率均在 10～8 西门子/米。当外电场超过某极限值时，电介质被击穿而失去介电性能。电介质在电气工程上被大量用作电气绝缘材料、电容器的介质及特殊电介质器件(如压电晶体)等。

绝缘体的种类很多，固体的如塑料、橡胶、玻璃、陶瓷等；液体的如各种天然矿物油、硅油、三氯联苯等；气体的如空气、二氧化碳、六氟化硫等。

绝缘体在某些外界条件，如加热、加高压等影响下，会被击穿，从而转化为导体。在未被击穿之前，绝缘体也不是绝对不导电的物体。如果在绝缘材料两端加电压，材料中将会出现微弱的电流。

绝缘材料中通常只有微量的自由电子，在未被击穿前参加导电的带电粒子主要是由热运动而离解出来的本征离子和杂质粒子。绝缘体的电学性质反映在电导、极化、损耗和击穿等工程中。

介质常数：又称电容率或相对电容率。在同一电容器中用某一物质作为电介质时的电容与其中为真空时电容的比值称为该物质的介电常数。介电常数通常随温度和介质中传播的电磁波的频率而变。电容器用的电介质要求具有较大的介电常数，以便减小电容器的体积和重量。

27. 古登-波尔和 Dashen 效应(Gudden-Pohl and Dashen Effects)

实验证实，一个恒定的或交流的强电场，会影响在紫外线激发下的发光物质(磷光体)的特性，这一种现象也可在随着紫外线移开后的一段衰减期中观察。

用电场预激发晶体磷而生成闪光正是古登-波尔效应的结果，也可在使用电场从金属电极进行磷光体的分解中观察到这种现象。

28. 电离(Ionization)

原子是由带正电的原子核及其周围的带负电的电子所组成。由于原子核的正电荷数与电子的负电荷数相等，所以原子是中性的。原子最外层的电子称为价电子。所谓电离，就是原子受到外界的作用，如被加速的电子或离子与原子碰撞时使原子中的外层电子特别是价电子摆脱原子核的束缚而脱离，原子成为带一个(或几个)正电荷的离子，这就是正离子。如果在碰撞中原子得到了电子，则就成为负离子。

29. 电液压冲压、电水压震扰(Electrohy Draulic Shock)

高压放电下液体的压力产生急剧升高的现象叫做电液压冲压、电水压震扰。

30. 电泳现象(Phoresis)

1809 年俄国物理学家 peⁿce 首次发现电泳现象。他在湿黏土中插上带玻璃管的正负两个电极，加电压后，发现正极玻璃管中原有的水层变浑浊，即带负电荷的黏土颗粒向正极移动，这就是电泳现象。

影响电泳迁移的因素有：

(1) 电场强度。电场强度是指单位长度(m)的电位降，也称电势度。

(2) 溶液的 pH 值。溶液的 pH 值决定被分离物质的解离程度和质点的带电性质及所带净电荷量。

(3) 溶液的离子强度。电泳液中的离子浓度增加时会引起质点迁移率的降低。

(4) 电渗。在电场作用下液体对于固体支持物的相对移动称为电渗(Electric Osmosis)。

31. 电晕放电(Corona Discharge)

带电体表面在气体或液体介质中局部放电的现象叫做电晕放电，常发生在不均匀电场中且电场强度很高的区域内(例如高压导线的周围，带电体的尖端附近)。其特点为：出现与日晕相似的光层，发出嗞嗞的声音，产生臭氧、氧化氮等。电晕引起电能的损耗，并对通信和广播产生干扰。例如，雷雨时尖端电晕放电，避雷针即用此法中和带电的云层而防止雷击。我们知道，电晕多发生在导体壳的曲率半径小的地方，因为这些地方特别是尖端，其电荷密度很大。而在紧邻带电表面处，电场(E)与电荷密度(σ)成正比，故在导体的尖端处场强很强(即 σ 和 E 都极大)。所以当空气周围的导体电势升高时，这些尖端之处能产生电晕放电。通常将空气视为非导体，但空气中含有少量由宇宙线照射而产生的离子，带正电的导体会吸引周围空气中的负离子而自行徐徐中和。若带电导体有尖端，则该处附近空气中的电场强度(E)可变得很高。当离子被吸向导体时将获得很大的加速度，这些离子与空气碰撞时，将会产生大量的离子，使空气变得极易导电，同时借电晕放电而加速导体放电。因空气分子在碰撞时会发光，故电晕时在导体尖端处可见到亮光。

电晕放电在工程技术领域中有多种影响。电力系统中的高压及超高压输电线路导线上发生电晕，会引起电晕功率损失、无线电干扰、电视干扰以及噪声干扰。进行线路设计时，应选择足够的导线截面积，或采用分裂导线降低导线表面电场的方式，以避免发生电晕。对于高低压电气设备，发生电晕放电会逐渐破坏设备绝缘性能。电晕放电的空间电荷在一定条件下又有提高间隙击穿强度的作用。当线路出现雷电或操作过电压时，因电晕损失而能削弱过电压幅值。利用电晕放电可以进行静电除尘、污水处理、空气净化等。地面上的树木等尖端物体在大地电场作用下的电晕放电是参与大气电平衡的重要环节。海洋表面溅射水滴上出现的电晕放电可促进海洋中有机物的生成，还可能是地球远古大气中生物前合成氨基酸的有效放电形式之一。针对不同应用目的的研究，电晕放电是具有重要意义的技术课题。

32. 电子力(Electrical)

电子力：按照电场强度的定义，电场中任一点的场强(E)等于单位正电荷在该点所受的电场力。那么，点电荷(q)在电场中某点所受的电场力(F) = Qe。电场力(F)的大小为 $F = |q|E$，方向取决于电荷的正、负。不难判断，正电荷($q > 0$)所受的电场力，其方向与场强方向一致；负电荷($q < 0$)所受的电场力，其方向与场强方向相反。

磁场对运动电荷的作用力、运动电荷在磁场中所受的洛仑兹力都属于电子力。

电矩：电介质中每个分子都是一个复杂的带电系统，有正、负电荷，它们分布在一个线度为 10^{-10} m 的区域内，而不是集中在一点。可以认为正电荷集中于一点叫正电荷的重心，而负电荷也集中于另一点，这一点叫负电荷的重心。对于中性分子，其正、负电荷的电量总是相等的。所以一个分子可以等效为一个电偶极子，称其为分子的等效电偶极子，它的电偶极矩称为分子电矩(p)。

33. 电阻(Electrical Resistance)

电阻：描述导体制约电流性能的物理量。根据欧姆定律，导体两端的电压(U)和通过导体的电流强度(I)成正比。由 U 和 I 的比值定义的 $R=U/I$ 称为导体的电阻，其单位为欧姆，写成欧(Ω)。电阻的倒数 $G=I/U$ 称为电导，单位是西门子(S)。

电阻率：表征物质导电性能的物理量，也称体积电阻率。电阻率越小导电本领越强。用某种材料制成的长 1 厘米、横截面积为 1 平方厘米的导体电阻，在数值上等于这种材料的电阻率。也有取长 1 米、截面积 1 平方毫米的导电体在一定温度下的电阻定义电阻率的。此两种定义法定义的电阻率在数值上相差 4 个数量级。如第一种定义，铜在 20℃时的电阻率为 1.7×10^{-6} 欧姆·厘米。而第二种定义的电阻率为 0.017 欧姆·平方毫米/米。电阻率的倒数称为电导率。电阻率(ρ)不仅和导体的材料有关，还和导体的温度有关。在温度变化不大的范围内，几乎所有金属的电阻率都随温度作线性变化，即 $\rho = \rho_0(1+\alpha t)$。式中 t 是摄氏温度，ρ_0 是 0℃时的电阻率，α 是电阻率温度系数。由于电阻率随温度的改变而改变，所以对某些电器的电阻，必须说明它们所处的物理状态，如 220 伏、100 瓦电灯的灯丝电阻，通电时是 484 欧姆，未通电时是 40 欧姆。另外要注意的是：电阻率和电阻是两个不同的概念，电阻率是反映物质对电流阻碍作用的属性，电阻是反映物体对电流阻碍作用的属性。

电阻器：电路中用于限制电流、消耗能量和产生热量的电器元件。

磁电阻材料：具有显著磁电阻效应的磁性物质。强磁性材料在受到外加磁场作用时引起的电阻变化，称为磁电阻效应。不论磁场与电流方向平行还是垂直，都将产生磁电阻效应。前者(平行)称为纵磁场效应；后者(垂直)称为横磁场效应。一般强磁性材料的磁电阻率(磁场引起的电阻变化与未加磁场时电阻之比)在室温下小于 8%，在低温下可增加到 10% 以上。已实用的磁电阻材料主要有镍铁系和镍钴系磁性合金。室温下镍铁系坡莫合金的磁电阻率约 1%~3%，若合金中加入铜、铬或锰元素，可使电阻率增加；镍钴系合金的电阻率较高，可达 6%。与利用其他磁效应相比，利用磁电阻效应制成的换能器和传感器，其装置简单，对速度和频率不敏感。磁电阻材料已用于制造磁记录磁头、磁泡检测器和磁膜存储器的读出器等。

34．对流(Convection)

对流是流体(液体和气体)热传递的主要方式。热对流指的是液体或气体由于本身的宏观运动而使较热部分和较冷部分之间通过循环流动的方式相互掺和，以达到温度趋于均匀的过程。

对流可分自然对流和强迫对流两种。自然对流是由于流体温度不均匀引起流体内部密度或压强变化而形成的自然流动。例如，气压的变化，空气的流动，风的形成，地面空气受热上升，上下层空气产生循环对流等。而强迫对流是因外力作用或与高温物体接触，受迫而流动的。例如，由于人工的搅拌，或机械力的作用(如鼓风机、水泵等)完全受外界因素的促使而形成的对流。

35．多相系统分离(Separation of Polyphase Systems)

多相系统的分离是以混合成分的聚合状态的不同为基础的，最常使用连续相的聚合状态来进行判定。

成分间具有不同分散的多相固态系统通过沉积作用或筛分分离法来进行分解，具有连续液体或气体相位的系统通过沉积作用、过滤或离心分离机来进行分离。通过烘干将固态相中的易沸液体排除掉。

36. 二级相变(Phase Transition)

在发生相变时，体积不变化的情况下，也不伴随热量的吸收和释放，只是热容量、热膨胀系数和等温压缩系统等的物理量发生变化，这一类变化称为二级相变。正常液态氦(氦 I)与超流氦(氦)之间的转变，正常导体与超导体之间的转变，顺磁体与铁磁体之间的转变，合金的有序与无序态之间的转变等都是典型的二级相变的例子。

37. 发光(Luminescence)

自发光：一种冷光，可以在正常温度和低温下发出这种光。在自发光中，一些能量促使一个原子中的电子从基态(低能量状态)跃进到激发态。在这种状态之下，它会恢复到基态并以光这种能量形式释放出来。

光学促进的自发光：可见光或红光促发的磷光。其中，红光或红外光仅是先前储备能量释放的促发剂。

白热光：从热能中来的光。当一个物体被加热到足够高的温度时，它就开始发出光辉，如炼炉中的金属或灯泡中发出的光，太阳和星星发出的光。

荧光和光致发光：它们的能量是由电磁辐射提供的。一般光致发光是指任何由电磁辐射引起的发光；而荧光通常是指由紫外线引起的，有时也用于其他类型的光致发光。

磷光：滞后的发光。当一个电子被推到一个高能态时，有时会被捕获(就如你举起了一块石头，然后把它放在一张桌子上)。有时电子及时地逃脱了捕获，有时则一直被捕获直到有别的起因使它们逃脱(如石头一直在桌子上，直到有东西冲击它)。

化学发光：由于吸收化学能，使分子产生电子激发而发光的现象。化学反应放出的热量(即化学能)可转化为反应产物分子的电子激发能，当这种产物分子产生辐射跃迁或将能量转移给其他发光的分子，使分子再发生辐射跃迁时，便产生发光现象。但是多数的反应所发出的光是很微弱的，而且多在红外线范围内，不容易被观测。产生化学发光的反应通常应满足以下条件：必须是放热反应，所放出的化学能足够使反应产物分子变成激发态分子；具备化学能转变为电子激发能的合适化学机制，这是化学发光最关键的一步；处于电子激发态的产物分子本身会发光或者将能量传递给其他会发光的分子。

阴极发光：物质表面在高能电子束的轰击下发光的现象。不同种类的宝石或相同种类、不同成因的宝石矿物在电子束的轰击下会发出不同颜色及不同强度的光，并且排列式样有差别，由此可以研究宝石矿物的杂质特点、结构缺陷、生长环境及过程。阴极发光仪是检测和记录阴极发光现象的一种光学仪器，主要由电子枪、真空系统、控制系统、真空样品仓、显微镜及照相系统构成。宝石学中可利用该仪器区分天然与合成宝石。

电致发光、场致发光：如果声波以正确的方式振动液体，该液体就会爆裂，所产生的气泡会剧烈收缩，从而造成发光的现象。

热发光：由温度达到某个临界点而引发的发光。这也许会与致热发光相混淆，但是致热发光需要很高的温度。在致热发光中，热不是能量的基本来源，仅是其他来源的能量释放的促进剂。

生物发光：化学发光中的一类，特指在生物体内通过化学反应产生的发光现象，主要由酶来催化产生的，如萤火虫的发光。现在实验中经常用到的荧光素酶报告基因系统，皆为生物发光。

38．发光体(Luminophores)

发光体在物理学上指发出一定波长范围的电磁波(包括可见光与紫外线、红外线和 X 光线等不可见光)的物体。通常指能发出可见光的发光体。凡物体自身能发光者，就称做光源，又称发光体，如太阳、灯以及燃烧的物质等。但像月亮表面、桌子等依靠反射外来光才能使人们看到它们，这样的反射物体不能称为光源。在人们的日常生活中离不开可见光的光源，可见光以及不可见光的光源还被广泛应用到工农业、医学和国防现代化等方面。

光源可以分为三种。

第一种是热效应产生的光，太阳光就是很好的例子，此外蜡烛等物品也都一样，此类光随着温度的变化会改变颜色。

第二种是原子发光，荧光灯灯管内壁涂抹的荧光物质被电磁波能量激发而产生光，此外霓虹灯的原理也一样。原子发光具有独自的基本色彩，所以彩色拍摄时我们需要进行相应地补正。

第三种是 synchrotron 发光，同时携带有强大的能量，原子炉发的光就是这种。但是我们在日常生活中几乎没有接触到这种光的机会，所以记住前两种就足够了。

39．发射聚焦(Radiation Focusing)

聚焦波阵面成为球形或圆筒形的形状。

光学聚焦(焦点)：理想光学系统主光轴上的一对特殊共轭点。主光轴上的无穷远像点共轭的点称为物方焦点(或第 1 焦点)，记作 F；主光轴上与无穷远物点共轭的点称为像方焦点(或第 2 焦点)，记作 F'。根据上述定义，中心在物方焦点的同心光束经光学系统后成为与主光轴平行的平行光束，沿主光轴入射的平行光束经光学系统后成为中心在像方焦点的同心光束。凸透镜有实焦点，凹透镜有虚焦点。

40．法拉第效应(Faraday Effect)

1845 年 9 月 13 日法拉第发现，当线偏振光在介质中传播时，若在平行于光的传播方向上加一强磁场，则光振动方向将发生偏转，偏转角度(Ψ)与磁感应强度(B)和光穿越介质的长度(L)的乘积成正比，即 $\Psi = VBL$。比例系数 V 称为菲尔德常数，与介质性质及光波频率有关。偏转方向取决于介质性质和磁场方向。上述现象称为法拉第效应或磁光现象。

该效应可用来分析碳氢化合物，因每种碳氢化合物有各自的磁致旋光特性。在光谱研究中，可借以得到关于激发能级的有关知识；在激光技术中，可用来隔离反射光，也可作为调制光波的手段。

因为磁场下电子的运动总附加有右旋的拉莫尔进动，当光的传播方向相反时，偏振面旋转角方向不倒转，所以法拉第效应是非互效应。这种非互易的本质在微波和光的通信中是很重要的。许多微波、光的隔离器、环行器、开关就是用旋转角大的磁性材料制作的。

对这一现象的最简单、最直观的解释是：介质就像微小的偏振片，而磁场是电磁以太的转动，电磁以太的转动又带动微小的偏振片的转动，磁场强度越大，偏振能力也越大。由于偏振片转动了一个角度，所以偏振光也随之转动了一个相同的角度。显然，偏振光转动的角度与磁场强度和光通过介质距离成正比。

41．反射(Reflection)

波的反射：波由一种媒质达到与另一种媒质的分界面时，返回原媒质的现象。例如声波遇障碍物时的反射，它遵从反射定律。在同类媒质中，由于媒质不均匀亦会使波返回到原来密度的介质中，即产生反射。

光的反射：光遇到物体或遇到不同介质的交界面(如光从空气射入水中)时，光的一部分或全部被表面反射回去的现象。由于反射面的平坦程度，有单向反射及漫反射之分。人能够看到物体正是由于物体能把光反射到人的眼睛里，没有光照明物体，人也就无法看到它。

光的反射定律：在光的反射过程中所遵守的规律。① 入射光线、反射光线遇法线(即通过入射点且垂直于入射面的线)同在一平面内，且入射的光线和反射光线在法线的两侧；② 反射角等于入射角(其中反射角是法线与反射线的夹角，入射角是入射线与法线的夹角)。在同一条件下，如果光沿原来的反射线的逆方向射到界面上，那么这时的反射线一定沿原来的入射线的反方向射出。这一现象称为光的可逆性。

反射率：又称反射本领，是反射光强度与入射光强度的比值。不同材料的表面具有不同的反射率，其数值多以百分数表示。同一材料对不同波长的光可有不同的反射率，这种现象称为选择反射。所以，凡列举一材料的反射率均应注明其波长。例如，玻璃对可见光的反射率约为 4%，锗对波长为 4 微米红外光的反射率为 36%，铝从紫外光到红外光的反射率均可达 90% 左右，金的选择性很强，在绿光波长附近的反射率为 50%，面对红外光的反射率可达 96% 以上。此外，反射率还与反射材料周围的介质及光的入射角有关。上面谈及的均是指光在各种材料与空气分界面上的反射率，并限于正入射的情况。

42．放电(Discharge)

气体放电：气体放电的现象又称气体导电。气体通常由中性分子或原子组成，是良好的绝缘体，并不导电。气体的导电性取决于其中电子、离子的产生及其在电场中的运动。加热、照射(紫外线、X 射线、放射性射线)等都能使气体电离，这些因素统称为电离剂。在气体电离的同时，还有正负离子相遇复合为中性分子以及正负离子被外电场驱赶到达电极与电极上异号电荷中和的过程。这三个过程中，电离、复合二者与外电场无关，后者则与外电场有关。随着外电场的增强，离子定向速度加大，复合逐渐减少以致不起作用，因电离产生的全部离子都被驱赶到电极上，于是电流达到饱和。饱和电流的大小取决于电离剂的强度。一旦撤除电离剂，气体中离子很快就会消失，电流中止。这种完全靠电离剂维持的气体导电称为被激导电或非自持导电。

当电压增加到某一数值后，气体中电流急剧增加，即使撤除电离剂，导电仍能维持，这种情形称为气体自持导电或自激放电。气体由被激导电过渡到自持导电的过程，通常称为气体被击穿或点燃，相应的电压叫做击穿电压。撤去电离剂后，仍有许多带电粒子参与导电。首先，正负离子特别是电子在电场中已获得相当动能，它们与中性分子碰撞使之电离，这种过程连锁式地发展下去，形成簇射，产生大量带电粒子。其次，获得较大动能的正离子轰击阴极产生二次电子发射。此外，当气体中电流密度很大时，阴极会因温度升高而产生热电子发射。

气体自持放电的特征与气体的种类、压强、电极的材料、形状、温度、间距等诸多因素有关，而且往往有发声、发光等现象伴随发生。自持放电因条件不同而采取不同的形式，如辉光放电、弧光放电、火花放电、电晕放电等。

43．放射现象(Radioactivity)

1896年，法国物理学家贝克勒耳发现铀及含铀矿物发出某种看不见的射线，它可穿透黑纸使照相底片感光。在贝克勒耳工作的启发下，居里夫妇发现放射性更强的元素镭和钋。1903年，居里夫妇和贝克勒耳同获诺贝尔奖金。

放射性：物体向外发射某种看不见的射线的性质。

放射性元素：具有放射性的元素。原子序数为82的铅之后的许多元素都具有放射性，少数位于铅之前的元素也具有放射性。

α射线：速度约为光速1/10D 氦核流。其电离本领大，穿透力小。

β射线：速度接近光速的高速电子流。其电离本领较小，穿透力较大。

γ射线：波长极短的光子流。其电离作用小，穿透能力极强。

α、β、γ射线带来了核内信息，揭示了原子核内部还应有更基本的结构。

天然存在的放射性同位素能自发放出射线的特性，称为天然放射性。而通过核反应，由人工制造的放射性，称为人工放射性。

44．浮力(Buoyancy)

漂浮于流体表面或浸没于流体之中的物体，受到各方向流体静压力的向上合力，称为浮力。其大小等于被物体排开流体的重力。例如，石块的重力大于其同体积水的重量，则下沉到水底。木料或船体的重力等于其浸入水中部分所排开的水的重量，所以浮于水面。气球的重量比它同体积空气的重力小，即浮力大于重力，所以会上升。这种浸在水中或空气中，受到水或空气将物体向上托的力叫浮力。例如，从井里提一桶水，在未离开水面之前比离开水面之后要轻些，这是因为桶受到水的浮力。不仅是水，而且酒精、煤油或水银等所有液体，对浸在它里面的物体都有浮力。

浸在液体(或气体)里的物体受到向上的浮力，浮力的大小等于物体排开的液体(或气体)的重力，这就是著名的阿基米德定律。该定律是公元前200年前由阿基米德所发现的，又称阿基米德原理。

气体的浮力：气体和液体一样，对浸在其中的物体也具有浮力的作用。实验证明，阿基米德原理对气体同样适用，即浸在气体里的物体受到垂直向上的浮力，浮力的大小等于被物体排开的气体受到的重力的大小。

45．感光材料(Photosensitive Material)

感光材料是指一种具有光敏特性的半导体材料，因此又称为光导材料或是光敏半导体。它的特点就是在无光的状态下呈绝缘性，在有光的状态下呈导电性。复印机的工作原理正是利用了这种特性。

46．耿氏效应(Gunn Effect)

在N型砷化镓两端电极上加以电压，当电压高到某一值时，半导体电流便以很高频率振荡，这种效应称为耿氏效应。

耿氏效应与半导体的能带结构有关。砷化镓导带最低能谷1位于布里渊区中心，在布里渊区边界L处还有一个能谷2，它比能谷1高出0.29 eV。当温度不太高、电场不太强时，导带电子大部分位于能谷 1，能谷 1 曲率大，电子有效质量小，能谷 2 曲率小，电子有效质量大。由于能谷 2 有效质量大，所以能谷 2 的电子迁移率比能谷 1 的电子迁移率小，即 $u_2 < u_1$。当电场很弱时，电子位于能谷 1，平均漂移速度为 u_1E。当电场很强时，电子从电场获得较大的能量由能谷 1 跃迁到能谷 2，平均漂移速度为 u_2E。由于 $u_2 < u_1$，所以，在速场特性上表现为不同的变化速率(实际上 u_1 和 u_2 是速场特性的两个斜率，即低电场时，$dv_d / dE = u_1$，高电场时，$dv_d / dE = u_2$)。在迁移率由 u_1 变化到 u_2 的过程中会经过一个负阻区。在负阻区，迁移率为负值，这一特性也称为负阻效应，其意义是随着电场强度增大而电流密度减小。

47．共振(Resonance)

共振：在物体做受迫振动的过程中，当驱动力的频率与物体的固有频率接近或相等时，物体振幅增大的现象叫做共振。

固有频率：系统本身所具有的一种振动性质。当系统做固有振动时，它的振动频率就是固有频率。一个力学体系的固有频率由系统的质量分布、内部的弹性以及其他的力学性质决定。

在许多情况下要利用共振现象。例如，收音机的调谐就利用了共振来接收某一频率的电台广播，又如弦乐器的琴身和琴筒，就是用来增强声音的共鸣器。但在不少情况下要防止共振的发生。例如，机器在运转中可能会因共振而降低精度。20 世纪中叶，法国昂热市附近有一座长 102 米的桥，因一队士兵在桥上齐步走的步伐周期与桥的固有周期相近，引起桥梁共振，振幅超过桥身的安全限度，从而造成桥塌人亡事故(死亡 226 人)。

电子自旋共振效应：处于恒定磁场中的电子自旋磁矩在射频电磁场的作用下，发生的磁能级间的共振跃迁现象。

观察电子自旋共振的实验仪器叫做电子自旋共振谱仪。将待测样品放入共振腔内，共振腔在频率为 f 时产生共振，由速调管所产生的频率 f 的微波通过共振腔而传播，并利用晶体检波器检波，晶体的输出在阴极射线示波器上显示出来，改变磁场直到满足共振条件为止。电子磁矩由平行于磁场的位置倒转到与磁场反平行的位置时，将产生微波的能量吸收。显然，微波光子与电子磁矩的相互作用是由于电磁波的磁场分量所引起的。

共振时由于共振腔反射的能量减少，共振时的能量吸收就是通过阴极射线示波器这样的一种形式来进行探测的。

分析共振曲线的形状和位置，可以得到有关自旋电子及其外围情况的某些数据。例如，曲线以下的面积一般来说正比于参加共振的电子数，共振最大值的位置由样品内部的局部磁场来决定。

电子自旋共振效应在物理、化学医学、生物学等多学科领域里有着极其广泛的实际应用。目前电子自旋共振效应对于顺磁性物质的研究已经取得成功。电子自旋共振效应对半导体中的杂质和缺陷、离子晶体的结构、半导体中电子交换速度、导电电子的性质以及过渡族元素的离子的发现等一系列的研究工作具有很重要的指导意义。此外，电子自旋共振效应可以解释许多元素的光谱的精细结构，从而进一步推动了光谱学的发展。

核磁共振效应：原子核在一个恒定磁场和一个旋转磁场的作用下，当旋转磁场的圆频率与拉莫尔旋进频率相等时，会引起原子核的磁量子态发生跃迁，这种现象称为核磁共振效应。

核磁共振效应广泛地应用在科学技术的各个领域里。目前，运用核磁共振效应已成功地制成各种测试设备，成为进行物理、化学及其他科学研究的标准实验方法之一。核磁共振技术是直接测定原子核磁矩和研究结构的方法，通过对固体或液体样品核磁共振谱线的研究，可以深入了解物质的结构，从而为新材料的研究提供依据。

48. 固体(场致、电致)发光(Electroluminescence)

固体吸收外界能量后，部分能量以发光形式发射出来的现象叫做固体发光。外界能量可来源于电磁波(可见光、紫外线、X 射线和 γ 射线等)或带电粒子束，也可来自电场、机械作用或化学反应。当外界激发源的作用停止后，固体发光仍能维持一段时间，称为余晖。历史上曾根据持续时间的长短把固体发光区分为荧光和磷光两种，发光持续时间小于 10^{-8} 秒的称荧光，大于 10^{-8} 秒的称磷光，相应的发光体分别称为荧光体和磷光体。

根据激发方式的不同，可将固体发光分为如下两种：

光致发光：发光材料在可见光、紫外线或 X 射线照射下产生的发光。发光波长比所吸收的光波波长要长。这种发光材料常用来使看不见的紫外线或 X 射线转变为可见光，例如日光灯管内壁的荧光物质把紫外线转换为可见光，对 X 射线或 γ 射线也常借助于荧光物质进行探测。另一种具有电子陷阱(由杂质或缺陷形成的类似亚稳态的能级，位于禁带上方)的发光材料在被激发后，只有在受热或红外线照射下才能发光，可利用它来制造红外探测器。

场致发光：又称电致发光，是利用直流或交流电场能量来激发发光的。场致发光实际上包括几种不同类型的电子过程，一种是物质中的电子从外电场吸收能量，与晶格相碰时使晶格离化，产生电子-空穴对，复合时产生辐射；也可以是外电场使发光中心激发，回到基态时发光，这种发光称为本征场致发光；还有一种类型是在半导体的 PN 结上加正向电压，P 区中的空穴和 N 区中的电子分别向对方区域注入后成为少数载流子，复合时产生光辐射，称此为载流子注入发光，亦称结型场致发光。用电磁辐射调制场致发光称为光控场致发光。把 ZnS、Mn、Cu 等发光材料制成薄膜，加直流或交流电场，再用紫外线或 X 射线照射时可产生显著的光放大。利用场致发光现象可提供特殊照明、制造发光管、用来实现光放大和储存影像等。

49. 惯性力(Inertial Force)

牛顿运动定律只适用于惯性系。在非惯性系中，为使牛顿运动定律仍然有效，常引入一个假想的力，用以解释物体在非惯性系中的运动。这个由于物体的惯性而引入的假想力称为惯性力。它是物体的惯性在非惯性系中的一种表现，并不反映物体间的相互作用。它也不服从牛顿第三定律，于是惯性力没有施力物，也没有反作用力。例如，前进的汽车突然刹车时，车内乘客就感觉自己受到一个向前的力，使自己向前倾倒，这个力就是惯性力。又如，汽车在转弯时，乘客也会感到有一个使他离开弯道中心的力，这个力即称为惯性离心力。

50. 光谱(Radiation Spectrum)

复色光经过色散系统(如棱镜、光栅)分光后，被色散开的单色光按波长(或频率)大小而依次排列的图案。例如，太阳光经过三棱镜后形成红、橙、黄、绿、蓝、靛、紫次序连续分布的彩色光谱。红色到紫色，相应于波长为 7700～3900 埃，是人眼能感觉的可见部分。红端之外为波长更长的红外光，紫端之外则为波长更短的紫外光，都不能被肉眼所觉察，但能用仪器记录。因此，按波长区域不同，光谱可分为红外光谱，可见光谱和紫外光谱；按产生的本质不同，可分为原子光谱、分子光谱；按产生的方式不同，可分为发射光谱、吸收光谱和散射光谱；按光谱表现形态不同，可分为线光谱、带光谱和连续光谱。光谱的研究已成为一门专门的学科，即光谱学。光谱学是研究原子和分子结构的重要学科。

51. 光生伏打效应(Photovoltaic Effect)

1839 年，法国物理学家 A.E.贝克勒耳意外地发现，用两片金属浸入溶液构成的伏打电池，受到阳光照射时会产生额外的伏打电势，他把这种现象称为光生伏打效应。

1883 年，有人在半导体硒和金属接触处发现了固体光伏效应。后来就把能够产生光生伏打效应的器件称为光伏器件。

由于半导体 PN 结器件在阳光下的光电转换效率最高，所以通常把这类光伏器件称为太阳能电池，也称光电池。太阳能电池又称光电池、光生伏打电池，是一种能将光直接转换成电能的半导体器件，现主要有硅、硫化镉太阳能电池。

随着科学的进步，光伏发电技术已可用于任何需要电源且有光照的场合。目前，光伏发电主要用于三大方面：① 为无电场合提供电源；② 太阳能日用电子产品，如各类太阳能充电器、太阳能灯具等；③ 并网发电，这在发达国家已经大面积推广实施了。

52. 混合物分离(Separation of Mixtures)

波的折射：波在传播过程中，由一种媒质进入另一种媒质时，传播方向发生偏折的现象。在同类媒质中，由于媒质本身不均匀，亦会使传播方向改变。此种现象也叫波的折射。

透射系数(传递系数)：对于两个空间中间的界面隔层来说，当声波从一空间入射到界面上时，声波激发隔层的振动，以振动向另一面空间辐射声波，此为透射声波。通过一定面积的透射声波能量与入射声波能量之比称透射系数。对于开启的窗户，透射系数可近似为 1。

53. 火花放电(Spark Discharge)

在电势差较高的正负带电区域之间，发出闪光并发出声响的短时间气体放电现象称为火花放电。在放电空间，气体分子发生电离，气体迅速而剧烈发热，发出闪光和声响。例如，当两个带电导体互相靠近到一定距离时，就会在其间发生火花和声响(它们的电势差越大，则这种现象越显著)，结果两个导体所带的电荷几乎全部消失。实质上分立的异性电荷聚积至足够量时，电荷突破它们之间的绝缘体而中和的现象就是放电。而中和时发生火花的过程就叫火花放电。在阴雨天气，带电的云接近地面，由于感应作用，在云和地之间发生火花放电即为落雷。由于它们之间电势差非常之大，所以这种放电的危害特别大，它可以破坏建筑物，打死人和牲畜。高大建筑物均装有避雷针就是为了对落雷的防范。在日常生活中，往往看到在运送汽油的汽车尾部，总是有一根铁链在地上被拖着走，这根铁链不是多余的而是起着很重要的作用。运汽油的车中装载的是汽油，汽车在开动时，里面装着的汽油也在不停地晃动，晃动的结果会使汽油跟油槽的壁发生碰撞和摩擦，这样就会使油槽带电，因为汽车的轮胎是橡胶做的，是绝缘体，油槽里发生的电荷不可能通过轮胎传到地下，这样电荷就会聚积起来，甚至有时会发生电火花。遇到火花，汽油很容易发生爆炸。为了防止这一危险发生，采用拖在汽车后面的铁链来做导电工具，使产生的电荷不能聚积。

54. 霍尔效应(Hall Effect)

通有电流的金属或半导体放置在与电流方向垂直的磁场中时，在垂直于电流和磁场方向上的两个侧面间产生电势差的现象称为霍尔效应，1879 年由 E.H.霍尔首先发现。

霍尔效应可用载流子受洛仑兹力作用来解释。当载流子带正电时，所受洛仑兹力使正电荷向 A 面偏转，造成 A、A'两面上的电荷积累，从而形成电势差，在体内产生一横向电场(E)，称霍尔电场。若载流子带负电，则霍尔电场反向。当载流子所受的霍尔电场力与洛仑兹力达到平衡时，载流子不再偏转，霍尔电场具有恒定的值。霍尔电场(E)与电流密度(J)和磁感应强度(B)的乘积成正比，即 $E = RJB$，比例系数 R 称为霍尔系数。当只有一种载流子时，霍尔系数的大小与载流子的浓度成反比，其正负决定于载流子是带正电还是带负电。金属中的载流子是带负电的电子，霍尔系数一般为负值(也有例外，需用能带理论解释)。N 型半导体和 P 型半导体的载流子分别是电子和带正电的空穴，所以霍尔系数分别为负值和正值。半导体中载流子的浓度与温度有明显的依赖关系，故其霍尔系数与温度有关。因半导体中的载流子浓度比金属中自由电子的浓度低，故半导体的霍尔系数比金属的要大，霍尔效应也比金属要明显得多。电子(或空穴)的实际速度有一定分布，速度较小的电子所受洛仑兹力小于横向电场力，速度较大的电子则相反，它们都要产生偏转，这等效于电阻增大，这种由于存在磁场而使电阻增加的现象称为磁阻效应。20 世纪 80 年代人们发现，在强磁场作用下，随着磁场的变化，半导体结的霍尔系数作阶梯式变化，此现象称为电子霍尔效应。

霍尔效应常用来鉴定半导体的导电类型，用半导体材料制成的霍尔元件已应用于许多技术领域，如测定磁场、电流强度和电功率，把直流电流转换成交流电流或对电流进行调制，把各种物理量转换成电流信号后进行运算等。

利用霍尔效应制成的霍尔器件，如磁强计、安培计、瓦特计、磁罗盘等，可以测量各种物理量，如已知试件尺寸、磁场强度和电流，测量霍尔电动势即可求得试件的载流子浓度，简单迅速。利用霍尔效应还可测量磁场强度、几千安培以上的大电流，制作使信号沿单一方向传输的旋转器、单向器和环行器等。制造霍尔器件的半导体材料主要是锗、硅、砷化镓、砷化铟、锑化铟等。用硅外延或离子注入方法制作的薄膜霍尔器件可以和集成电路工艺相容。将霍尔器件和差分放大器及其他电路做在一个硅片上，可缩小尺寸、提高灵敏度、减小失调电压，便于大量生产。

55. 霍普金森效应(Hopkinson Effect)

霍普金森效应是由霍普金森于 1889 年发现的。霍普金森效应可在铁和镍的单晶、多晶样本中观察到，也可在很多铁磁合金中观察到。

霍普金森效应由以下三点组成：

(1) 将铁磁物质放入弱磁场，导磁性会在居里点附近出现急剧增大。

(2) 导磁率对温度的最大依赖关系，是由于处于居里点附近的铁磁物质的磁各向异性的戏剧性减少而导致的。

(3) 在居里点附近，因为铁磁物质自然磁化的消失，将使导磁性减小。

56. 加热(heating)

增加物体温度的过程称为加热，也就是将能量转化为物体或物体系统的热的形式。

57. 焦耳-楞次定律(Jorle-Lenz Law)

1840 年，焦耳把环形线圈放入装水的试管内，测量不同电流强度和电阻时的水温。通过这一实验他发现：导体在一定时间内放出的热量与导体的电阻及电流强度的平方成正比。同年 12 月，焦耳在英国皇家学会上宣读了关于电流生热的论文，提出电流通过导体产生热量的定律。由于不久之后，俄国物理学家楞次也独立发现了同样的定律，故该定律被称为焦耳-楞次定律。

58. 焦耳-汤姆逊效应(Joule-Thomson Effect)

气体经过绝热节流过程后温度发生变化的现象，称为焦耳-汤姆逊效应。当气流达到稳定状态时，实验指出，对于一切临界温度不太低的气体(如氮、氧、空气等)经节流膨胀后温度都要降低；而对于临界温度很低的气体(如氢)经节流膨胀后温度反而会升高。在通常温度下，许多气体都可以通过节流膨胀使温度降低，冷却而成为液体。工业上就利用这种效应制备液化气体。

正焦耳-汤姆逊效应：当焦耳-汤姆逊系数 $\alpha > 0$ 时，气体通过节流，凡膨胀后温度降低者，称正焦耳-汤姆逊效应，亦称制冷效应。

负焦耳-汤姆逊效应：当焦耳-汤姆逊系数 $\alpha < 0$ 时，气体通过节流，凡膨胀后温度升高者，称负焦耳-汤姆逊效应。

59. 金属覆层润滑剂(Metal-cladding Lubricants)

金属有机化合物中的金属会在高温下获得释放。金属覆层润滑剂中含有金属有机化合物，这种润滑剂是依靠零件间的摩擦力来进行加热的，然后，金属有机化合物将产生分解，释放出金属，释放出的金属会填充到零件表面的不平整部位，以此来减少零件间的摩擦力。

60. 居里效应(Curie Effect)

比埃尔·居里(1859－1906 年)，法国物理学家，早期的主要贡献为确定磁性物质的转变温度(居里点)。对于铁磁物质来说，由于有磁畴的存在，因此在外加的交变磁场的作用下将产生磁滞现象，磁滞回线就是磁滞现象的主要表现。如果将铁磁物质加热到一定温度，由于金属点阵中的热运动加剧，磁畴遭到破坏时，铁磁物质将转变为顺磁物质，磁滞现象消失，铁磁物质这一转变温度称为居里点温度。

不同的铁磁物质，居里点不同。铁的居里点为 769℃；钴是 1131℃；镍的居里点较低为 358℃；锰锌铁氧体的居里点只有 215℃，比较低。磁通密度、导磁率和损耗都随温度发生变化，除正常温度 25℃以外，还要给出 60℃、80℃、100℃时的各种参数数据。因此，锰锌铁氧体磁芯的工作温度一般限制在 100℃以下，也就是环境温度为 40℃时，温升必须低于 60℃。钴基非晶合金的居里点为 205℃，也低，使用温度也限制在 100℃以下。铁基非晶合金的居里点为 370℃，可以在 150℃～250℃使用。高磁导坡莫合金的居里点为 460℃～480℃，可以在 200℃～250℃使用。微晶纳米晶合金的居里点为 600℃，取向硅钢居里点为 730℃，可以在 300℃～400℃使用

61．克尔效应(Kerr Effect)

电光克尔效应：玻璃板在强电场作用下具有双折射的性质。1875 年由英国物理学家 J.克尔发现，后来发现多种液体和气体都能产生克尔效应。

观察克尔效应：内盛某种液体(如硝基苯)的玻璃盒子称为克尔盒，盒内装有平行板电容器，加电压后产生横向电场。克尔盒放置在两正交偏振片之间。无电场时，液体为各向同性，光不能通过 P2，存在电场时液体具有了单轴晶体的性质，光轴沿电场方向，此时有光通过 P2。实验表明，在电场作用下，主折射率之差与电场强度的平方成正比。电场改变时，通过 P2 的光强跟着变化，故克尔效应可用来对光波进行调制。液体在电场作用下产生极化，这是产生双折射的原因。电场的极化作用非常迅速，在加电场后不到 10^{-9} 秒内就可完成极化过程，撤除电场后在同样短的时间内重新变为各向同性。克尔效应的这种迅速动作的性质可用来制造几乎无惯性的光的开关——光闸，在高速摄影、光速测量和激光技术中获得了重要应用。

磁光克尔效应：入射的线偏振光在已磁化的物质表面反射时，振动面发生旋转的现象，1876 年由 J.克尔发现。磁光克尔效应分极向、纵向和横向三种，分别对应物质的磁化强度与反射表面垂直、与表面和入射面平行、与表面平行而与入射面垂直三种情形。极向和纵向磁光克尔效应的磁致旋光都正比于磁化强度，一般极向的效应最强，纵向次之，横向则无明显的磁致旋光。磁光克尔效应的最重要应用是观察铁磁体的磁畴。不同的磁畴有不同的自发磁化方向，引起反射光振动面的不同旋转，通过偏振片观察反射光时，将观察到与各磁畴对应的明暗不同的区域。用此方法还可对磁畴变化进行动态观察。

62．扩散(Diffusion)

由于粒子(原子、分子或分子集团)的热运动自发地产生物质迁移的现象叫扩散。扩散可以在同一物质的一相或固体、液体、气体等多相间进行，也可以在不同的固体、液体和气体间进行。扩散主要由于浓度或温度所引起。一般是从浓度较大的区域向浓度较小的区域扩散，直到相内各部分的浓度达到均匀或两相间的浓度达到平衡时为止。物质直接互相接触时，称自由扩散。若扩散是经过隔离物质进行的，则称为渗透。

在自然界中，扩散现象起着很大的作用，它使整个地球表面附近的大气保持相同的成分。土壤里所含有的各种盐类溶液的扩散，便于植物吸收，以利生长。此外，在半导体、冶金等很多行业都应用扩散，以达目的。扩散、热传导和黏性统称为输运现象，其分别将物质(质量)、热能、动能由一个位置移至另一位置，从而达到浓度或温度的均匀。

63．冷却(Cooling)

将物体或系统的热量带走，降低物体温度的过程称为冷却。

64．洛仑兹力(Lorentz Force)

把磁场对运动点电荷的作用力称为洛仑兹力。1895 年荷兰物理学家 H.A.洛仑兹在建立经典电子论时，把它作为基本假设提出来的，现已被大量实验证实。

洛仑兹力的公式是：$f = qvB\sin\theta$。式中 q、v 分别是点电荷的电量和速度；B 是点电荷所在处的磁感应强度；θ 是 v 和 B 的夹角。洛仑兹力的方向循右手螺旋定则垂直于 v 和 B 构成的平面，为由 v 转向 B 的右手螺旋的前进方向(若 q 为负电荷，则反向)。由于洛仑兹力始终垂直于电荷的运动方向，所以它对电荷不做功，不改变运动电荷的速率和动能，只能改变电荷的运动方向使之偏转。

洛仑兹力既适用于宏观电荷，也适用于微观电荷粒子。电流元在磁场中所受安培力就是其中运动电荷所受洛仑兹力的宏观表现。导体回路在恒定磁场中运动，使其中磁通量变化而产生的动生电动势也是洛仑兹力的结果，洛仑兹力是产生动生电动势的非静电力。如果电场 E 和磁场 B 并存，则运动点电荷受力为电场力和磁场力之和，即 $f = q(E + v \times B)$，此式一般也称为洛仑兹力公式。

洛仑兹公式、麦克斯韦方程组和介质方程一起构成了经典电动力学的基础。在许多科学仪器和工业设备，如谱仪、质谱仪、粒子加速器、电子显微镜、磁镜装置、霍尔器件中，洛仑兹力都有广泛的应用。

值得指出的是，既然安培力是洛仑兹力的宏观表现，洛仑兹力对运动电荷不做功，何以安培力能对载流导线做功呢？实际上洛仑兹力起了传递能量的作用，它的一部分阻碍电荷运动做负功，另一部分构成安培力对载流导线做正功，结果仍是由维持电流的电源提供了能量。

65．毛细现象(Capillary Phenomena)

毛细管：凡内径很细的管子都叫毛细管。通常指的是等于或小于 1 毫米的细管，因管径有的细如毛发故称毛细管。例如，水银温度计、钢笔尖部的狭缝、毛巾和吸墨纸纤维间的缝隙、土壤结构中的细隙以及植物的根、茎、叶的脉络等，都可认为是毛细管。

毛细现象：插入液体中的毛细管，管内外的液面会出现高度差。当浸润管壁的液体在毛细管中上升(即管内液面高于管外)或当不浸润管壁的液体在毛细管中下降(即管内液面低于管外)，这种现象叫做毛细现象。产生毛细现象原因之一是由于附着层中分子的附着力与内聚力的作用造成浸润或不浸润，因而使毛细管中的液面呈现弯月形；原因之二是由于存在表面张力，从而使弯曲液面产生附加压强。由于弯月面的形成，使得沿液面切面方向作用的表面张力的合力，在凸弯月面处指向液体内部，在凹弯月面处指向液体外部。由于合力的作用使弯月面下液体的压强发生了变化，对液体产生一个附加压强，凸弯月面下液体的压强大于水平液面的压强，而凹弯月面下液体的压强小于水平液面下液体的压强。根据在盛着同一液体的连通管中，同一高度处各点的压强都相等的原理，因此，当毛细管里的液面是凹弯月面时，液体不断地上升，直到上升液柱的静压抵消了附加压强为止。同样，当液面呈凸弯月面时，毛细管里的液体也将下降。

当液体浸润管壁致使跟管壁接触的液面是竖直的，而且表面张力的合力也竖直向上时，若毛细管内半径为 r，液体表面张力系数是 σ，则沿周界 $2\pi r$ 作用的表面张力的合力等于 $2\pi r\sigma$。在液面停止上升时，此一作用力恰好跟毛细管中液柱的重量相平衡。若液柱上升高度为 h，液体密度是 ρ，则得 $2\pi r\sigma = \pi r h\rho g$。因而液柱上升高度 $h = \dfrac{2\sigma}{r\rho g}$。

66．摩擦力(Friction)

相互接触的两个物体在接触面上发生的阻碍这两个物体相对运动的力称为摩擦力。另有两种说法：一个物体沿着另一个物体表面有运动趋势时，或一个物体在另一个物体的表面滑动时，都会在两个物体的接触面上产生一种力，这种力叫做摩擦力；相互接触的两个物体，如果有相对运动或相对运动的趋势，则两物体的接触面上就会产生阻碍相对运动趋势的力，这种力叫做摩擦力。

按上述定义，摩擦力可分为静摩擦力和滑动摩擦力。两个接触着的物体，有相对滑动的趋势时，物体之间就会出现一种阻碍启动的力，这种力叫静摩擦力。两个接触着的物体，有了沿接触面的相对滑动，在接触面上就会产生阻碍相对滑动的力，这种力叫做滑动摩擦力。因此，不能把摩擦力只看作是一种阻力，有时可以是动力。例如，放在卡车上的货物随卡车一起加速运动时，货物受到静摩擦力，是阻碍它和卡车相对滑动趋势的，但却是它获得加速度的动力。若卡车有足够大的加速度，货物和卡车之间就出现了相对滑动，这时货物受到滑动摩擦力，就是阻碍它和卡车做相对滑动的，但摩擦力仍是货物做加速运动的动力。

滑动摩擦力总是与物体滑动的方向相反。但是，静摩擦力是阻碍两个物体发生相对滑动的力，到底与物体相对运动的方向(以地球作参照物)是相同还是相反，应看问题的性质来定。例如，货物在传送带上随皮带一起以一定速度做匀速直线运动，货物与皮带的速度相同，没有相对运动趋势，所以货物与皮带之间没有产生静摩擦力。当皮带做加速运动时，货物所受的静摩擦力的方向(以地球作参照物)与运动的方向是相同的。若皮带做减速运动，则货物所受的静摩擦力方向与运动方向相反。

摩擦力的大小跟相互接触问题的性质，及其表面的光滑程度和物体间正压力有关，一般和表现接触面积无关。经研究表明：两者实际接触部分的面积越大，其摩擦力也越大。而两者的实际接触面积只跟正压力的大小、物体表面的粗糙程度和材料的性质有关，跟它们的表观接触面积无关。在物体表面粗糙程度和材料性质不变的情况下，正压力越大，实际接触面积也越大，摩擦力也越大。正压力相同时，改变物体间的表观接触面积并不改变摩擦力的大小。例如，将平面上的砖由竖放改变为平放，并不改变实际的压力，摩擦力保持不变。因此，在一般情况下，摩擦力跟物体的表观接触面积无关。

67.　珀耳帖效应(Peltier Effect)

1834 年，法国科学家珀耳帖发现：当两种不同属性的金属材料或半导体材料互相紧密连接在一起时，在它们的两端通进直流电后，只要变换直流电的方向，在它们的接头处，就会相应出现吸收或者放出热量的物理现象，于是起到制冷或制热的效果，这就叫做珀耳帖效应。珀耳帖冷却是运用珀耳帖效应即组合不同种类的两种金属，通电时一方发热而另一方吸收热量的方式实现的。因此，应用珀耳帖效应制成的半导体制冷器，就能制造出不需要制冷剂，制冷速度快，无噪声、体积小、可靠性高的绿色电冰箱。

68.　起电(Electrification)

人类在很早以前就知道琥珀摩擦后具有吸引稻草片或羽毛屑等轻小物体的特性。物体具有吸引其他物体的这种性质叫做物体带电或称物体有了电荷。人类认识到电有正负两种：同性相斥，异性相吸。当时并不知道电是实物的一种属性，认为电是附着在物体上的，因而把它称为电荷，并把具有这种斥力或引力的物体称为导电体。习惯上经常也把带电体本身简称为电荷。近代科学证明：构成实物的许多基本粒子都是带电的，如质子带正电，电子带负电，质子和电子具有的绝对电量是相等的，是电量的最小单位。一切物质都是由大量原子构成，原子又是由带正电的原子核和带负电的电子组成的。通常，同一个原子中的正负电量相等，因此，在正常情况下表现为中性的或不带电的。若由于某些原因(如摩擦、受热或化学变化等)而失去一部分电子，就带正电，若得到额外的电子时，就带负电。用丝绸摩擦玻璃棒，玻璃棒就失去电子而带正电，丝绸得到电子而带负电。

摩擦起电：两种不同物体相互摩擦后，分别带有正电和负电的现象。其原因是，当物体相互摩擦时，电子由一个物体转移到另一个物体上，因此，原来两个不带电的物体因摩擦而带电，它们所带的电量在数值上相等，在性质上相异。

静电感应：带电体附加的导体受带电体的影响，在其表面的不同部分出现正负电荷的现象叫做静电感应。因为在带电体电场作用下，导体中的自由电子进行重新分布，造成导体内的电场随之变化，直到抵消了带电体电场的影响，使它的强度减小到零为止。结果靠近带电体的一端出现与带电体异号的电荷，另一端出现与带电体同号的电荷。如果导体原来不带电，则两端带电数量相等；如果导体原来带电，则两端电量的代数和应与导体原带电量相等。在带电体附近的导体因静电感应而表面出现电荷的现象称为感生电荷。

69. 气穴现象(Cavitation)

气穴来自拉丁文"cavitus"，指空虚、空处的意思。气穴现象是由于机械力，如由船用的旋转机械力产生的致使液体中的低压气泡突然形成并破裂的现象。

水的气穴现象是指冲击波到达水面后，使水面快速上升，并在一定的水域内产生很多空泡层，最上层的空泡层最厚，向下逐渐变薄。随着静水压力的增加，超过一定的深度后，便不再产生空泡。

声波的气穴向下研究，用 20 至 40 千赫的声波进行了实验，声波在浓硫酸液体中产生高密度与低密度两个快速交替的区域，使得压力在其间振荡，液体中的气泡在高压下收缩，低压下膨胀。压力的变化非常快，致使气泡向内炸裂，有足够的力量产生热，这一构成被称为声学的气穴现象。

气穴现象在水下武器中的应用，比如海底子弹，当子弹由特别的物体反射出去后，在它的前部会形成一种类似于气泡的东西，它的形成会让子弹的阻力减少，以增加威力。

70. 热传导(Thermal Conduction)

热传导：亦称导热，是热传递三种基本方式之一。它是固体热传递的主要方式，在不流动的液体或气体层中层层传递，在流动情况下往往与对流同时发生。热传导实质是由大量物质的粒子热运动互相撞击，而使能量从物体的高温部分传至低温部分，或由高温物体传给低温物体的过程。在固体中，热传导的微观过程是：在温度高的部分，晶体中结点上的微粒振动动能较大；在低温部分，微粒振动动能较小。因微粒的振动互相联系，所以在晶体内部就发生微粒的振动，动能由动能大的部分向动能小的部分传递。在固体中热的传导就是能量的迁移。在金属物质中，因存在大量的自由电子在不停地做无规则的热运动，自由电子在金属晶体中对热的传导起主要作用。在液体中，热传导表现为：液体分子在温度高的区域，热运动比较强。由于液体分子之间存在着相互作用，热运动的能量将逐渐向周围层层传递，引起了热传导现象。由于热传导系数小，传导得较慢，它与固体相同，而不同于气体。气体依靠分子的无规则热运动以及分子间的碰撞，在气体内部发生能量迁移，从而形成宏观上的热量传递。

热导率：或称导热系数，是物质导热能力的量度，符号为 λ 或 K。其定义为：在物体内部垂直于导热方向取两个相距 1 米，面积为 1 平方米的平行平面，若两个平面的温度相差 1K，则在 1 秒内从一个平面传导至另一个平面的热量就规定为该物质的热导率，其单位为瓦每米开(W·m⁻¹·K⁻¹)。

71.　热电现象(Thermoelectuic Phenomena)

用两种金属接成回路，当两接头处温度不同时，回路中会产生电动势，称这种电动势为热电动势(或温差电动势)。热电动势的成因：自由电子热扩散(汤姆逊电动势)；自由电子浓度不同(珀耳帖电动势)；珀耳帖效应(塞贝克效应)。

72.　热电子发射(Thermodlectric Emission)

热电子发射又称爱迪生效应，是爱迪生 1883 年发现的，但话却要从 1877 年说起。这一年爱迪生发明碳丝灯之后，应用不久就出现了寿命太短的问题，因为碳丝难耐电火高温，使用不久即告"蒸发"，灯泡的寿命也就结束了。爱迪生千方百计设法改进，1883 年他突发奇想：在灯泡内另行封入一根铜线，也许可以阻止碳丝蒸发，延长灯泡寿命。经过反复试验，碳丝虽然蒸发如故，但他却从这次失败的试验中发现了一个奇特现象，即碳丝加热后，铜丝上竟有微弱的电流通过。铜丝与碳丝并不连接，哪里来的电流？难道电流会在真空中飞度不成？在当时，这是一件不可思议的事情，敏感的爱迪生肯定这是一项新的发现，并想到根据这一发现也许可以制成电流计、电压计等实用电器。为此他申请了专利，命名为爱迪生效应，便没有再去进行深入研究了。英国物理学家弗莱明却根据爱迪生效应发明了电子管(即二极管)。随后，人们又在弗莱明二极管的基础上制成了三极管，促成了世界上第一座无线电广播电台于 1921 年在美国匹兹堡市建立，使无线电通信迅速出现在了世界各地。

加热金属使其中大量电子克服表面势垒而逸出的现象与气体分子相似，金属中的自由电子做无规则的热运动，其速率有一定的分布。在金属表面存在阻碍电子逃脱出去的作用力，电子逸出需克服阻力做功，称为逸出功(旧称功函数)。在室温下，只有极少量电子的动能超过逸出功，从金属表面逸出的电子数微乎其微。一般当金属温度上升到 1000℃以上时，动能超过逸出功的电子数目急剧增多，大量电子从金属中逸出，这就是热电子发射。若无外电场，逸出的热电子在金属表面附近堆积，成为空间电荷，它将阻止热电子继续发射。通常，以发射热电子的金属丝为阴极，另一金属板为阳极，其间加电压，使热电子在电场作用下从阴极到达阳极，这样不断发射、流动，形成电流。随着电压的升高，单位时间从阴极发射的电子全部到达阳极，于是电流饱和。

许多电真空器件的阴极是靠热电子发射来工作的。由于热电子发射取决于材料的逸出功及其温度，所以应选用熔点高且逸出功低的材料如敷钍或敷铯的钨丝来做阴极。

除热电子发射外，靠电子流或离子流轰击金属表面产生电子发射的称为二次电子发射。靠外加强电场引起电子发射的称为场效应发射。靠光照射金属表面引起电子发射的称为光电发射。各种电子发射都有其特殊的应用。

73.　热辐射(Heat Radiation)

热辐射是热的一种传递方式。它不依赖物质的接触，而由热源自身的温度作用向外发射能量，这种传热方式叫热辐射。它和热的传导、对流不同。它不依靠媒质而把热直接从一个系统传给另一系统。热辐射以电磁波辐射的形式发射出能量,温度的高低取决于辐射的强弱。温度较低时,主要以不可见的红外光进行辐射,当温度为 300℃时,热辐射中最强的波长在 5×10⁻⁴ 厘米左右,即在红外区。当物体的温度在 500℃～800℃时,热辐射中最强的波长成分在可见光区。例如,太阳表面温度为 6000℃,它是以热辐射的形式,经宇宙空间传给地球的,这是热辐射远距离传热的主要方式。近距离的热源,除对流、传导外,亦将以辐射的方式传递热量。热辐射有时亦称红外辐射,波长范围约 0.7 微米到 1 毫米,为可见光谱中红光端以外的电磁辐射。

关于热辐射,其重要规律有四个:基尔霍夫辐射定律、普朗克辐射分布定律、斯蒂藩-玻耳兹曼定律、维恩位移定律。这四个定律有时统称为热辐射定律。

74. 热敏性物质(Heat-sensitive Substances)

只要受热时就会发生明显状态变化的物质叫热敏性物质,通常是相变,一级相变或二级相变。

由于热敏性物质可在很窄温度范围内发生急速的转化,所以常用来显示温度,以代替温度的测量。以下是可用的热敏性物质:

(1) 可改变光学性能的液晶;

(2) 改变颜色的热涂料;

(3) 溶解合金,比如伍德合金;

(4) 有沸点、凝固点和转化的临界状态点的水;

(5) 有形状记忆能力的材料;

(6) 在居里点可改变磁性的铁磁材料。

75. 热膨胀(Thermzl Expansion)

热膨胀:物体因温度改变而发生膨胀的现象。通常是指外压强不变的情况下,大多数物质在温度升高时,其体积增大,温度降低时体积缩小。在相同条件下,气体膨胀最大,液体膨胀次之,固体膨胀最小。也有少数物质在一定的温度范围内,温度升高时,其体积反而减小。因为物体温度升高时,分子运动的平均动能增大,分子间的距离也增大,物体的体积也随之扩大;温度降低,物体冷却时分子的平均动能变小,使分子间距离缩短,于是物体的体积就要缩小。又由于固体、液体和气体分子运动的平均动能大小不同,因而从热膨胀的宏观现象来看亦有显著的区别。

膨胀系数:表征物体受热时,为描述其长度、面积、体积变化的程度而引入的物理量。它是线膨胀系数、面膨胀系数和体膨胀系数的总称。

固体热膨胀:固体热膨胀现象,从微观的观点来分析,是由于固体中相邻粒子间的平均距离随温度的升高而增大引起的。

液体热膨胀:液体的流体,因而只有一定的体积,而没有一定的形状。它的体膨胀遵循 $V_1 = V_0(1 + \gamma)$ 的规律,式中 γ 是气体的体膨胀系数。

76. 热双金属片(Thermobimetals)

热双金属片是由不同热膨胀系数合金组成的具有特殊功能的复合材料。当升温相同时,它们的膨胀程度不同,一侧膨胀大,一侧膨胀小,从而造成双金属片的弯曲。所以相同条件下,不同类型的金属热胀冷缩程度不同,受热时发生变形能起到控制和调节温度的作用。

热双金属片作为温度测量、温度控制和温度补偿元件，广泛地用于电器、热工、汽车制造、仪器仪表、医疗器械和家用电器等各行各业。

77．渗透(Osmosis)

被半透膜所隔开的两种液体，当处于相同的压强时，纯溶剂通过半透膜而进入溶液的现象称为渗透。渗透作用不仅发生于纯溶剂和溶液之间，而且还可以在同种不同浓度溶液之间发生，低浓度的溶液通过半透膜进入高浓度的溶液中。砂糖、食盐等结晶体的水溶液，易通过半透膜，而糊状、胶状等非结晶体则不能通过。

渗透现象：在生物机体内发生的许多过程都与此有关。如各物浸于水中则膨胀，植物从其根部吸收养分，动物体内的养分透过薄膜而进入血液中等。

78．塑性变形(Plastic Deformation)

所有的固体金属都是晶体，原子在晶体所占的空间内有序排列。在没有外来作用时，金属中原子处于稳定的平衡状态，金属物体具有自己的形状与尺寸。施加外力，会破坏原子间原来的平衡状态，造成原子排列畸变，引起金属形状与尺寸的变化。

假若除去外力，金属中原子立即恢复到原来稳定平衡的位置，原子排列畸变消失和金属完全恢复了自己的原始形状和尺寸，则这样的变形称为弹性变形。增加外力，原子排列的畸变程度增加，移动距离有可能大于受力前的原子间距离，这时晶体中一部分原子相对于另一部分产生较大的错动。外力除去后，原子间的距离虽然仍可恢复原状，但错动了的原子并不能再回到其原始位置，金属的形状和尺寸也都发生了永久改变，这种在外力作用下产生不可恢复的永久变形称为塑性变形。

79．Thoms 效应(Thoms Effect)

在管道中流体流动沿径向分为三部分：管道的中心为紊流核心，它包含了管道中的绝大部分流体；紧贴管壁的是层流底层；层流底层与紊流漩涡之间为缓冲区，层流的阻力要比紊流的阻力小。

1948 年，英国科学家 B.Thoms 发现，在液体中添加聚合物可以将管内流动从紊流转变成层流，从而大大降低输送管道的阻力，这就是摩擦减阻技术。然而，Thoms 的发现真正得到重视是在 1979 年，美国大陆石油公司生产的减阻剂首次商业化应用于横贯阿拉斯加的原油管道，获得了令人吃惊的效果。在使用相同油泵的情况下，可以输送的原油量增加了50%以上。在取得巨大成功之后，减阻剂被应用于海上和陆上的数百条输油管道。这次应用的成功激发了学术界和工程界对此项技术的研究热潮。

(1) 减阻剂的减阻机理。管道中的流体流态大多为紊流，而减阻剂恰恰在紊流时起作用。最新的研究成果表明，缓冲区是紊流最先形成的地方。减阻高聚物主要在缓冲区起作用。减阻高聚物分子可以在流体中伸展，吸收薄间层的能量，干扰薄间层的液体分子从缓冲区进入紊流核心，阻止其形成紊流或减弱紊流的程度。

(2) 减阻剂的生产工艺。减阻剂生产的技术关键包括两个方面：一是超高分子量，非结晶性，烃类溶剂可溶的减阻聚合物的合成；二是减阻聚合物的后处理。

聚合物的合成：目前最有效的减阻聚合物是聚-烯烃。本体聚合已不是生产具有更高分子量的聚-烯烃减阻聚合物的唯一选择，在溶液聚合体系中加入降粘剂，同样可以获得更高的聚合物分子量和更均匀的分子量分布。

聚合物的后处理：最近研制开发的一种非水基悬浮减阻剂克服了以前各种减阻剂的缺陷，它借助悬浮剂使聚合物粉末悬浮在醇类流体中，这种减阻剂的生产无需使用表面活性剂、杀菌剂和复杂的稳定剂体系，简化了生产过程，具有防冻性好、能防止水等杂质进入输油管道等优点，并可同时用于原油和成品油的输送，因此有广阔的发展前景。

由于减阻聚合物的生产条件很难控制，国际上只有极少公司垄断了这项技术，其代表是美国的大陆石油公司和贝克休斯公司，他们的产品基本上代表了目前世界上减阻剂生产工艺的最高水平和发展方向。

80. 汤姆逊效应(Thomson Effect)

威廉·汤姆逊(1824—1907 年)亦译为汤姆森，英国物理学家。在他的研究工作中，以热学和电学及它们的应用等方面最有成就。1848 年他创立绝对温度(亦称开氏温标)。以后，他把热力学第一定律和热力学第二定律具体应用到热学、电学和弹性现象等方面，对热力学的发展起了一定作用。

1856 年，汤姆逊发现第三热电现象。电流通过具有温度梯度的均匀导体时，导体将吸收或放出热量(这将取决于电流的方向)，这就是汤姆逊效应。由汤姆逊效应产生的热流量，称汤姆逊热。汤姆逊热是焦耳热之外的一种热。原理上，逆汤姆逊效应也是可能的。随着交替的温度梯度，导体中的电势差也会出现。但是，这种效应是否存在，还没有得到实验上的证实。

81. 韦森堡效应(Weissenberg Effect)

当高聚物熔体或溶液在各种旋转黏度计或容器中进行电动搅拌，受到旋转剪切作用时，流体会沿着内筒壁或轴上升，发生包轴或爬杆现象，在锥板黏度计中则产生使锥体和板分开的力，如果在锥体或板上有与轴平行的小孔，流体则会涌入小孔，并沿孔上所接的管子上升，这类现象统称为韦森堡效应。

82. 位移(Displacement)

质点从空间的一个位置运动到另一个位置，它的位置变化叫做质点在这一运动过程中的位移。位移是一个有大小和方向的物理量，是矢量。物体在某一段时间内，如果由初位置移到末位置，则由初位置到末位置的有向线段叫做位移。它的大小是运动物体初位置到末位置的直线距离；方向是从初位置指向末位置。位移只与物体运动的始末位置有关，而与运动的轨迹无关。如果质点在运动过程中经过一段时间后回到原处，那么路程不为零，而位移则为零。在国际单位制中，位移的单位为米。

83. 吸附作用(Sorption)

各种气体、蒸汽以及溶液里的溶质被吸在固体或液体物质表面上的现象叫吸附。具有吸附性质的物质叫吸附剂、被吸附的物质叫吸附质。

吸附作用实际是吸附剂对吸附质点的吸附作用。吸附剂之所以具有吸附性质，是因为分布在表面的质点同内部的质点所处的情况不同，内部的质点同周围各个方面的相邻的质点都有联系，因而它们之间的一切作用都互相平衡，而在表面上的质点，表面以上的作用力没有达到平衡而保留有自由的力场，借这种力场，物质的表面就能够把同它接触的液体或气体的质点吸住。

吸附分物理吸附和化学吸附。物理吸附是以分子间作用力相吸引的，吸附热少，如活性炭对许多气体的吸附属于这一类。被吸附的气体很容易解脱出来，而不发生性质上的变化。所以物理吸附是可逆过程。化学吸附则以类似于化学键的力相互吸引，其吸附热较大。例如许多催化剂对气体的吸附(如镍对 H2 的吸附)属于这一类。被吸附的气体往往吸引在很高的温度下才能解脱，而且在形状上有变化。所以化学吸附大都是不可逆过程。同一物质，可能在低温下进行物理吸附，而在高温下进行化学吸附，或者两者同时进行。

常见的吸附剂有活性炭、硅胶、活性氧化铝、硅藻土等。电解质溶液中生成的许多沉淀，如氢氧化铝、氢氧化铁、氯化银等也具有吸附能量，它们能吸附电解质溶液中的许多离子。

吸附性能的大小随吸附剂的性质，吸附剂表面的大小，吸附质的性质和浓度的大小，及温度的高低等而定。由于吸附发生在物体的表面上，所以吸附剂的总面积越大，吸附的能量就越强。活性炭具有巨大的表面积，所以吸附能力很强。一定的吸附剂，在吸附质的浓度和压强一定时，温度越高，吸附能力就越弱。所以，低温对吸附作用有利。当温度一定时，吸附质的浓度或压强越大，吸附能力就越强。

在生产和科学研究上，常利用吸附和解吸作用来干燥某种气体或分离、提纯物质。吸附作用可以使反应物在吸附剂表面浓集，因而提高化学反应速度。同时，由于吸附作用、反应物分子内部的化学键被减弱，从而降低了反应的活化能，使化学反应速度加快。因此，吸附剂在某些化学反应中可作催化剂。

84．吸收(Absorption)

吸收：物质吸取其他实物或能量的过程。气体被液体或固体吸收，或液体被固体吸取。在吸收过程中，一种物质将另一种物质吸进体内与其融合或化合。例如，硫酸或石灰吸收水分；血液吸收营养；毡毯、矿物棉、软质纤维板及膨胀珍珠岩等材料可吸收噪声；用化学木浆或棉浆或纸质粗松的吸墨纸来吸干墨水。吸收气体或液体的固体，往往具有多孔结构。当声波、光波、电磁波的辐射投射到介质中沿某一方向传播时，随入射深度逐渐被介质吸收。例如玻璃吸收紫外线，水吸收声波，金属吸收 X 射线等。

吸收光谱：当物体发出的波长连续分布的光通过物质时，某些波长的光被物质有选择性地吸收，它所产生的光谱是在连续光谱的背景下，分布着一系列暗线或暗带，这种光谱叫做吸收光谱。由于物质所在的状态不同，吸收光谱有不同的形状。如原子状态的吸收光谱中有比较分散的暗线光谱；气体或蒸汽的分子状态的吸收光谱是由密集的暗线组成的暗带光谱；处于固体或液体状态中的物质，则往往将一定波长区域的光线吸收，而表现出逐渐变暗的有效暗带。在一般情况下，物质吸收光谱的波长与该物质的某些发射光谱波长相对应。因为发射光谱一般必须在高温下获得，而高温下的分子或晶体往往是易于分解的。因此，吸收光谱最适宜于研究分子的结构。又由于分子的振动和转动光谱均位于红外区域，所以红外吸收光谱是研究分子结构变化的重要手段。

光的吸收：光在介质中传播的部分能量被介质吸收的现象。光的吸收遵守如下规律：

$$I = I_0 e^{-\alpha l}$$

式中：I_0 为入射光强度；I 为透射光强度；l 为光在介质中通过的距离；α 为吸收系数，与介质性质及波长有关。

上述规律先由 P.布给于 1729 年通过实验得到，后由 J.H.朗伯利用一个简单假设从理论上推出，故称布给-朗伯定律。

波的吸收：波在实际介质中，由于波动能量总有一部分会被介质吸收，波的机械能不断减少，波强亦逐渐减弱。

85．形变(Deformation)

凡物体受到外力而发生形状变化称为形变。物体由于外因或内在缺陷，物质颗粒的相对位置发生改变，也可引起形态的变化。形变的种类有：

纵向形变：物体的两端受到压力或拉力时，长度发生改变。

体积形变：物体体积大小的改变。

切变形变：物体两相对的表面受到在表面内的(切向)力偶作用时，两表面发生相对位移而产生的改变。

扭转形变：一柱状物体，两端各受方向相反的力矩作用而扭转产生的改变。

弯曲形变：物体因负荷而弯曲所产生的变形。

无论产生什么形变，都可归结为长变与切变。

86．形状(Shape)

物体形状：物体的外部轮廓(外观)。

形状的几何参数：体积、表面积尺寸。

常用的形状：光滑表面、抛物面、球面、皱褶(波状)、螺旋、窄槽、微孔、穗和环。

87．形状记忆效应(Shape Memory Effect)

形状记忆合金：一般金属材料受到外力作用后，首先发生弹性变形，达到屈服点，就产生塑性变形，应力消除后留下永久变形。但有些材料，在发生了塑性变形后，经过合适的热过程，能够恢复到变形前的形状，这种现象叫做形状记忆效应(SME)。具有形状记忆效应的金属一般是由两种以上金属组成的合金，称为形状记忆合金(SMA)。

形状记忆效应可以分为以下三种：

(1) 单程记忆效应。形状记忆合金在较低的温度下变形，加热后可恢复变形前的形状，这种只在加热过程中存在的形状记忆现象称为单程记忆效应。

(2) 双程记忆效应。某些合金加热时恢复高温相形状，冷却时又能恢复低温相形状，这种现象称为双程记忆效应。

(3) 全程记忆效应。加热时恢复高温相形状，冷却时变为形状相同而取向相反的低温相形状，这种现象称为全程记忆效应。

88．压磁效应(Piezomagnitic)

当铁磁材料受到机械力的作用时，在它的内部产生应变，从而产生应力 σ，导致磁导率 μ 发生变化的现象称为压磁效应。

磁材料被磁化时，如果受到限制而不能伸缩，则内部会产生应力。同样在外部施加力时也会产生应力。当铁磁材料因磁化而引起伸缩(不管何种原因)产生应力 σ 时，其内部必然存在磁弹性能量 E_σ。分析表明：E_σ 与 $\lambda_m \times \sigma$ 之积成正比，其中 λ_m 为磁致伸缩系数，并且还与磁化方向与应力方向之间的夹角有关。由于 E_σ 的存在，将使磁化方向改变，对于正磁致伸缩材料，如果存在拉应力，将使磁化方向转向拉应力方向，加强拉应力方向的磁化，从而使拉应力方向的磁导率 μ 增大。压应力将使磁化方向转向垂直于应力的方向，削弱压应力方向的磁化，从而使压应力方向的磁导率减小。对于负磁致伸缩材料，情况正好相反。这种被磁化的铁磁材料在应力影响下形成磁弹性性能，使磁化强度矢量重新取向，从而改变应力方向的磁导率，这种现象称为次弹效应或压磁效应。

89．压电效应(Piezodlectric Effect)

由物理学知，一些离子型晶体的电介质(如石英、酒石酸钾钠、钛酸钡等)不仅在电场力作用下，而且在机械力作用下，都会产生极化现象。即：

(1) 在这些电介质的一定方向上施加机械力而产生变形时，就会引起它内部正负电荷中心相对转移而产生电的极化，从而导致其两个相对表面(极化面)上出现符号相反的束缚电荷 Q，且其电位移 D(在 MKS 单位制中即电荷密度 σ)与外应力张量 T 成正比。当外力消失，又恢复不带电原状；当外力变向，电荷极性随之而变。这种现象称为正压电效应，或简称压电效应。

(2) 若对上述电介质施加电场作用时，同样会引起电介质内部正负电荷中心的相对位移而导致电介质产生变形，且其应变 S 与外电场强度 E 成正比。这种现象称为逆压电效应或称电致伸缩。

90．压强(Pressure)

垂直作用于物体的单位面积上的压力叫压强。对于压强的定义，应当着重领会以下四点：

(1) 受力面积一定时，压强随着压力的增大而成正比例地增大。

(2) 同一压力作用在支撑物的表面上，若受力面积不同，所产生的压强大小也有所不同。受力面积小时，压强大；受力面积大时，压强小。

(3) 压力和压强是截然不同的两个概念：压力是支撑面上所受到的并垂直于支撑面的作用力，与支撑面积大小无关。

(4) 压力、压强的单位是有区别的。压力的单位是牛顿，跟一般力的单位是相同的。压强的单位是一个复合单位，它是由力的单位和面积的单位组成的。在国际单位制中是帕斯卡，简称帕。

91．液/气体的压力(Pressure Force of Liquid/gas)

液体的压力：液体受到重力作用而向下流动，因受容器壁及底的阻止，故容器壁及容器底受到液体压力的作用。液体因为重力的作用和它的流动特性，当液体静止时，液体内以及其接触面上各点所受的压力，都遵守下列各条规律：

(1) 静止液体的压力必定与接触面垂直。

(2) 静止液体内同一水平面上各点，所受压强完全相等。

(3) 静止液体内某一点的压强，对任何方向都相等。

(4) 静止液体内上下两点的压强差，等于以两点间的垂直距离为高度，单位面积为底的液柱重量。

地球表面覆盖有一层厚厚的由空气组成的大气层。在大气层中的物体，都会受到空气分子撞击产生压力，这个压力称为大气压力。也可以认为，大气压力是大气层的物体受大气层自身重力产生的作用于物体上的压力。

92. 液体压力(Hydrodynamic Force)

流体力学：一门研究流体的运动规律以及流体与流体中物体之间的相互作用的学科。在流体力学中，一般不考虑流体的分子、原子结构，而把它看做连续介质。它处理流体的压强、速度及加速度等问题，包括流体的形变、压缩及膨胀。因此，流体力学也是以牛顿运动三定律为基础的，并遵循质量守恒、能量守恒和功能原理等力学规律。流体力学又分为流体静力学和流体动力学。

流体静力学：流体处于不流动的静止状态，称为流体处于平衡状态。研究流体静止条件及关于物体在流动中受力情况的力学称为流体静力学。其研究的主要内容有密度、压强、液体内部压强、大气压强、帕斯卡定律、浮力及阿基米德定律等。

流体动力学：一门研究运动流体的宏观状态和规律的学科。主要研究对象包括流体的速度、压强、密度等的变化规律，黏滞流体的运动规律及黏滞流体中运动物体所受的阻力以及其他热力学性质。

93. 液体和气体压强(Liqrid or Gas Pressure)

由于液体有重量，因此在液体的内部就存在由液体本身的重量而引起的压强，这个压强等于液体单位体积的质量和液体所在处的深度的乘积，即 $P=\rho gh$ (式中 g=9.8 牛顿/千克)。由公式知，液体内部的压强与深度有关，深度增加，压强亦随着增加。

因为液体具有流动性，所以液体内部的压强又表现出另外一些特点。液体对容器的底部和侧壁都有压强，而且压强一定与底部或侧壁垂直；液体内部的压强是向各个方向的，而且在同一深度的地方向各个方向的压强都相等。在解决问题时应注意下列几点：

(1) 液体内部某处的深度(h)，应当取该处至液面垂直的距离，它与容器的形状无关。

(2) 深度与高度是有区别的，深度是从液面向下至某一点的垂直距离，而高度是从容器或液体的底部起向上到液面的竖直高度。

(3) 液体内部某处至液面之间有几层密度不同的液体，则该处的压强等于几层液体各自产生的压强之和。在考虑大气压的情况下，还应当加上液面上受到的大气压强。

(4) 连通器中的液体在平衡时，左管中液体的压强一定与右管中液体的压强相等。单位面积上所受的力称为大气压强。大气压强的测量通常以水银气压计的水银柱的高来表示。地面上标准大气压约等于 76 厘米高水银柱产生的压强。由于受测量地区等条件影响，所测数值不同。根据液体压强的公式 $P=\rho gh$，水银的密度是 13.6×10^3 千克/立方米，因此 76 厘米高水银柱产生的压强是：

$$P=13.6\times10^3 \text{ 千克/立方米}\times9.8 \text{ 牛顿/千克}\times0.76 \text{ 米}=1.012928\times10^5 \text{ 牛顿/平方米}\approx$$
1.013×10^5 帕斯卡。

94. 一级相变(Phase Tuansition-type Ⅰ)

不同相之间的相互转换，称为相变或称物态变化。自然界中存在各种各样的物质，而用"相"来表示物质的固、液、气三种形态的"相貌"。从广义上来说，所谓相，指的是物质系统中具有相同物理性质的均匀物质部分，它和其他部分之间用一定的分界面隔离开来。例如，在由水和冰组成的系统中，冰是一个相，水是另一个相。α铁、β铁、γ铁

和 δ 铁是铁晶体的四个相。不同相之间相互转变一般包括两类，即一级相变和二级相变。相变总是在一定的压强和一定的温度下发生的。相变是很普遍的物理过程，它广泛涉及生产及科技工作。在物质形态的互相转换过程中必然要有热量的吸入或放出。物质三种状态的主要区别在于它们分子间的距离、分子间相互作用力的大小和热运动的方式不同。因此在适当的条件下，物体能从一种状态转变为另一种状态，其转换过程从量变到质变。例如，物质从固态质变到液态的过程中，固态物质不断吸收热量，温度逐渐升高，这是量变的过程；当温度升高到一定程度，即达到熔点时，再继续供给热量，固态就开始向液态转变，这时就发生了质的变化。虽然继续供热，但温度并不升高，而是固液态并存，直至完全溶解。

在发生相变时，有体积的变化，同时也有热量的吸收和释放，这类相变称为一级相变。例如，在 1 个大气压 0℃ 的情况下，1 千克质量的冰转变成同温度的水，要吸收 333.4 焦耳的热量，与此同时，体积亦伸缩。所以，冰与水之间的转换属一级相变。

95．永久磁铁(Permanent Magnets)

磁铁不是人发明的，有天然的磁铁矿，至于成分主要是铁、钴、镍等。其原子结构特殊，原子本身具有磁矩。一般这些矿物分子排列混乱，磁区互相影响就显不出磁性，但是在外力(如磁场)引导下分子排列方向趋向一致，就显出磁性，也就是俗称的磁铁。铁、钴、镍是最常用的磁性物质，基本上磁铁分永久磁铁与软磁铁。永久磁铁是加上强磁使磁性物质的自旋与电子角动量成固定方向排列；软磁铁则是加上电流(也是一种加上磁力的方法)后产生的磁性，等电流去除后，软磁铁会慢慢失去磁性。磁铁只是一个通称，是泛指具有磁性的东西，实际的成分不一定包含铁。较纯的金属态的铁本身没有永久磁性，只有靠永久磁铁才会感应产生磁性。一般在永久磁铁里加其他杂质元素(例如碳)来使磁性稳定下来，但是这样会使电子的自由性降低而不易导电，所以电流通过时灯泡亮不起来。铁是常见的带磁性元素，但是许多其他元素具有更强的磁性，像很多强力磁铁就是由钕铁硼混合而成的。

抗磁力(矫顽力)是永磁材料抵抗磁的和非磁的干扰而保持其永磁性的量度。

96．约翰逊-拉别克效应(Johnson-Ranbec Effect)

1920 年，约翰逊和拉别克发现，抛光镜面的弱导电物质(玛瑙、石板等)的平板，会被一对连接着 220 伏电源的、邻接的金属板稳固地拿住。而在断电情况下，金属板可以很轻易地移开。

对此现象的解释为：金属和弱导电物质，两者是通过少数的几个点相互接触的，这就导致了过渡区中的大电阻系数、金属板间接触的弱导电物质与金属板自己本身的小电阻系数(由于大的横截面)，所以，在金属和物质间的如此狭小的一个转换空间内，存在着电场，将会产生巨大的压降，由于金属和物质之间(大约 1 mm)的微小距离，此空间就产生了很高的电位差。

97．折射(Refraction)

波的折射：波在传播过程中，由一种媒质进入另一种媒质时，传播方向发生偏折的现象。在同类媒质中，由于媒质本身不均匀，亦会使波的传播方向改变，此种现象也叫波的折射。

绝对折射率：任何介质相对于真空的折射率。通常简称折射率(Index of Refraction)。对于一般光学玻璃，可以近似地认为以空气的折射率来代替绝对折射率。

98．振动(Vibration)

振动是一种很常见的运动形式。在力学中，振动是指一个物体在某一位置附近做周期性的往复运动，也称振荡。一个物理量在某一恒定值附近往复变化的过程也称振动，如交流电电压、电流随时间变化的过程。

物体在某一位置附近来回往复地运动，称为机械振动。例如，弹簧振子、摆轮、音叉、琴弦以及蒸汽机活塞的往复运动等。凡是摇摆、晃动、打击、发声的地方都存在机械振动。振动是自然界最常见的一种运动形式，波动是振动的传播过程。振动远不止于机械运动范围，热运动、电磁运动中相应物理量的往复变化也是一种振动。产生振动的必要条件之一是物体离开平衡位置就会受到回复力的作用；另一条件是阻力要足够小。当然物体只有惯性，而物体的惯性使物体经过平衡位置时不会立即停止下来，每经过一定时间后，振动体总是回复到原来的状态(或位置)的振动称为周期性振动。不具有上述周期性规律的振动称为非周期性振动。

99．驻波(Standing Waves)

在同一媒质里，两个频率相同、振幅相等、振动方向相同、沿相反方向传播的波叠加而成的波叫驻波。驻波是波的一种干涉现象，在声学和光学中都有着重要的应用。

100．驻极体(Electrets)

将电介质放在电场中就会被极化。许多电介质的极化是与外电场同时存在同时消失的。也有一些电介质，受强外电场作用后其极化现象不随外电场去除而完全消失，而会出现极化电荷永久存在于电介质表面和体内的现象。这种在强外电场等因素作用下，极化并未永久保持极化状态的电介质，称为驻极体。

驻极体具有体电荷特性，即它的电荷不同于摩擦起电，既出现在驻极体表面，也存在于其内部。即使去除驻极体表面一层，新表面仍有电荷存在；若把它切成两半，就成为两块驻极体。这一点可与永久磁体相类比，因此驻极体又称永电体。

驻极体的发现不是太晚，但至今对它的研究仍不够深入，有关它的生成理论也不完善，应用也只是开始。虽然如此，驻极体已逐渐显示出它作为一种电子材料的潜力。

驻极体可以提供一个稳定的电压，因此是一个很好的直流电压源。这在制造电子器件和电工测量仪表等方面是大有用处的。高分子聚合物驻极体的发现和使用，是电声换能材料的一次巨大变革，利用它可以制成质量很高、优点很多的电声器件。另外还可制成电机、高压发生器、引爆装置、空气过滤器，以及电话拨号盘、逻辑电路中的寻址选择开关、声全息照相用换能器等。随着对驻极体研究的深入和新材料的不断发现，它会像永磁体一样，被广泛应用。

能制成驻极体的物质有天然蜡、树脂、松香、磁化物、某些陶瓷、有机玻璃及许多高分子聚合物(例如 K-1 聚碳酸酯、聚四氟乙烯、聚全氟乙烯丙烯、聚丙烯、聚乙烯、聚酯等)。根据驻极体极化时所采用的物理方法，有热驻极体、光驻极体、电驻极体和磁驻极体等之分。

101. 纳米效应

纳米(nm)是一接头词，1 nm 表示十亿分之一米。纳米大小的东西用肉眼是看不到的，因此也难以想象。1 m 和 1 nm 的比值正好相当于地球和乒乓球之比。可以认为，纳米技术是处理异想天开的小东西的科学。实际上，可以说纳米大概就是分子 DNA 那么大。

在纳米尺度下，物质中电子波性依据原子之间的相互作用将受到尺度大小的影响。在这个尺度时，物质会出现完全不同的性质，就好像生物进化一样，产生无穷的变化。即使不改变材料的成分，纳米材料的基本性质，诸如熔点、磁性、电学性能、力学性能和化学活性等都将与传统材料大不相同，呈现出用传统模式和理论无法解释的独特性能。

一般可以将纳米技术定义为"在原子分子纳米级控制结构和机能的关于物质、材料、器件及过程系统中的科学"。我们经常将纳米技术解释为"如果适当调整原子、分子的排列，就能获得具有惊人价值的东西"。

1) 表面效应

球形颗粒的表面积与直径的平方成正比，其体积与直径的立方成正比，所以，球形颗粒的比表面积(表面积/体积)与直径成反比。随着颗粒直径的减小，比表面积将会显著地增大，表面原子数也将迅速增加。

由此可见，当颗粒的直径减小到纳米尺度时，会引起它的表面原子数、比表面积和表面能的大幅度增加，由于表面原子的周围缺少相邻的原子，使得颗粒出现大量剩余的悬键而具有不饱和的性质。同时，表面原子具有高的活性，且极不稳定，它们很容易与外来的原子相结合，形成稳定的结构。所以，表面原子与内部原子相比，具有更低的化学活性和表面能。金属的纳米颗粒在空气中会燃烧，无机的纳米颗粒暴露在空气中会吸附气体并与气体进行反应，都是由于这些纳米颗粒的表面活性高的原因导致的。

2) 小尺寸效应

随着颗粒尺寸的量变，在一定的条件下会引起颗粒性质的质变。由于颗粒尺寸变小所引起的宏观物理性质的变化称为小尺寸效应。纳米颗粒尺寸小，比表面积大，在熔点、磁性、热阻、电学性能、光学性能、化学活性和催化性能等方面都发生了变化，产生一系列奇特的性质。例如，金属纳米颗粒对光的吸收效果显著增加，并产生吸收峰的等离子共振频率偏移；磁性从磁有序态向磁无序态、超导相向正常相的转变。纳米颗粒的熔点也将大幅度下降。例如，金和银大块材料的熔点分别为 1063℃和 960℃，但是直径为 2 nm 的金和银的颗粒，其熔点分别降为 330℃和 100℃。试设想一下，开水就可以将银熔化，这是多么奇特的事情。

金属纳米颗粒熔点大幅度降低，可以为粉末冶金工业带来全新的工艺，而对光吸收效果的显著增加，可以制造具有一定频宽的微波吸收材料，用于电磁屏蔽和隐形飞机等。

3) 量子尺寸效应

金属大块材料的能带可以看成是连续的，而介于原子和大块材料之间的纳米材料的能带将分裂为分立的能级，即能级是量子化。这种能级间的间距随着颗粒尺寸的减小而增大。当能级间距大于热能、光子能量、静电能、磁能、静磁能或超导态的凝聚能等的平均能级间距时，就会出现一系列与大块材料截然不同的反常特性，这种特性称为量子尺寸效应。

这种量子尺寸效应导致纳米颗粒的磁、光、电、声、热以及超导电性等特性与大块材料显著不同。例如，纳米颗粒具有高的光学非线性和特异的催化等性质，而且金属纳米颗粒(如纳米银)具有类似于绝缘体的很高的电阻性质。

半导体的能带结构与颗粒的尺寸也有密切的关系。随着颗粒的减小，半导体的发光带或者吸光带可由长波移向短波，发光的颜色从红光移向蓝光，这就是半导体的蓝移(Blue Moved)现象。这种随颗粒尺寸的减小，能隙变宽发生蓝移的现象也是量子尺寸效应引起的。

4) 宏观量子隧道效应

宏观粒子具有穿透势垒的能力称为隧道效应。近年来，人们发现一些宏观的物理量，如微小颗粒的磁化强度，量子相干器件中的磁通以及电荷等也具有隧道效应，它们可以穿越宏观系统的势垒而产生变化。宏观量子隧道效应的研究对基础研究和应用都有重要意义。例如，它限定了采用磁带、磁盘进行信息存储的最短时间。这种效应和量子尺寸效应一起，将会是未来微电子器件的基础，它们确定了微电子器件进一步微型化的极限。

以上四种效应构成了纳米颗粒和纳米固体的基本特性。

参 考 文 献

[1]　赵敏，史晓凌，段海波. TRIZ 入门及实践. 北京：科学出版社，2009.

[2]　徐起贺，任中普，戚新波. TRIZ 创新理论使用指南. 北京：北京理工大学出版社，2011.

[3]　王亮申，孙峰华，等. TRIZ 创新理论与应用原理. 北京：科学出版社，2010.

[4]　周苏，陈敏玲，等. 创新思维与 TRIZ 创新方法. 北京：清华大学出版社，2015.

[5]　赵锋，等. TRIZ 理论及应用教程. 西安：西北工业大学出版社，2010.

[6]　檀润华. TRIZ 及应用：技术创新过程与方法. 北京：高等教育出版社，2010.

[7]　艾萨克·布柯曼. TRIZ：推动创新的技术. 李晟，译. 北京：高等教育出版社，2016.

[8]　孙永伟，谢尔盖·伊克万科. TRIZ：打开创新之门的金钥匙. 北京：科学出版社，2015.

[9]　江帆. TRIZ 创新应用与创新工程教育研究. 北京：北京理工大学出版社，2013.